CARLOS JUNCO GARZA, PBRO.
RUY RENDON LEAL, PBRO.

LA PALABRA

NOS

CONGREGA

21 LECCIONES BIBLICAS

SAN PABLO

Puede imprimirse
Felipe Hernández F.
Vicario Provincial de la Sociedad de San Pablo
México, D. F., 3-V-1984

Nada obsta
Juan Manuel Galaviz H., SSP
Censor
México, D.F., 16-V-1984

Primera edición, 1984
54ª edición, 2009

D.R. © 1984 by EDICIONES PAULINAS, S.A. DE C.V.
Av. Taxqueña 1792 - Deleg. Coyoacán - 04250 México, D. F.

Impreso y hecho en México
Printed and made in Mexico

ISBN: 978-970-612-110-3

INDICE

INTRODUCCION

El presente curso ha nacido como fruto de la teoría y de la práctica que hemos tenido en la Escuela Bíblica Católica de Monterrey. Desde este momento va nuestro agradecimiento sincero a todos aquéllos que, de una u otra forma, nos han ayudado a sistematizar este libro que hoy ofrecemos como un servicio a la difusión de la Palabra viva del Señor.

¿A QUIENES SE DIRIGE? Pensamos principalmente en aquellos grupos que ya han experimentado el gusto por la Palabra de Dios, y quieren adentrarse un poco en su conocimiento.

¿COMO ESTA ESTRUCTURADO EL CURSO? El índice completo aporta claridad a este respecto. Cuatro unidades lo integran:

—En la PRIMERA UNIDAD tratamos de analizar algunos puntos fundamentales y básicos en orden a la introducción general a la Biblia: su importancia, sus nociones básicas y manejo, su contenido y su lectura.

—En la SEGUNDA UNIDAD nos hemos detenido en la Historia de la Salvación viéndola en sus tres ejes fundamentales: Dios y pueblo unidos en alianza. Así recorreremos el Antiguo Testamento descubriendo al pueblo que se prepara, luego se libera y se forma en la alianza, vive bajo ella siendo infiel, y luego se mantiene bajo el anhelo y la esperanza de la Nueva Alianza. Un tema lo dedicamos al cumplimiento de esta promesa en Cristo y la Iglesia.

—En la TERCERA UNIDAD nuestra mirada está puesta en Jesús y en los evangelios que nos dan el testimonio sobre El. En los dos primeros temas fijamos nuestra atención en lo que es el Nuevo Testamento en general y de una forma especial los Evangelios: su formación, composición, finalidad y perspectiva de cada uno de ellos. Después recorremos el ministerio de Jesús: su anuncio del Reino, sus diversas actitudes, su muerte y resurrección, y por último la exigencia de seguirlo.

—En la CUARTA UNIDAD tenemos presente a la Iglesia o Nuevo Pueblo de Dios. A través del Libro de los Hechos contemplamos su nacimiento y expansión; a través de los demás escritos del Nuevo Testamento comprobamos cómo se va formando e interpelando constantemente. Después analizamos algunas características de este nuevo pueblo de Dios: su ser profético, sacerdotal, servidor y peregrinante.
Ofrecemos también tres apéndices:

    —el primero es una visión sintética de la Historia de la Salvación.
    —el segundo es un marco referencial para el ministerio de Jesús.
    —el tercero es una serie de esquemas sobre un buen número de los libros que integran la Biblia.

¿COMO ESTA ESTRUCTURADO CADA TEMA?

1.- *Lectura inicial*: pretende introducir el tema con una lectura apropiada que sirva de oración comunitaria ya que nos pone en una actitud de escucha de la Palabra del Señor.

2.- *Objetivo del tema*: allí expresamos la finalidad y el alcance del tema que vamos a exponer.

3.- *Desarrollo*: en este apartado, evidentemente el más extenso, presentamos el tema como tal. Nos hemos esforzado por hacerlo de la manera más pedagógica posible: divisiones y subdivisiones claras. Al desarrollar el tema no creemos necesario ni práctico el leer todas las citas allí señaladas. Es preferible leer calmadamente algunos cuantos textos amplios que ilustren el tema. Estos textos, como lo señalaremos, pueden tomarse de las lecturas selectas que sugerimos para cada tema.

4. - *Reflexiones*: pretendemos por este medio que el tema no quede en algo meramente cultural, sino que llegue a cuestionar e interpelar nuestra existencia personal y comunitaria. Por eso sugerimos como indicativas algunas preguntas en orden a la reflexión comunitaria. Evidentemente pueden formularse otras más apropiadas para cada comunidad.

5. - *Lectura final*: sirve para cerrar la lección con una oración escuchando de nuevo la Palabra del Señor. Pensamos como muy conveniente que la reunión no sea simplemente una clase, sino que también se convierta en reflexión bíblica vital. Este texto o el de la lectura inicial pueden servir para ello.

6. - *Actividades en casa*

a. - *Preguntas* que sirven para retener en la memoria el contenido de la lección. Mucho ayudará a la asimilación si se responden brevemente y por escrito.

b. - *lecturas selectas* que pueden ser útiles tanto para la clase como para la casa. Ilustran y amplían el tema, y nos ponen sobre todo en contacto con la Palabra del Señor. Creemos que si se logran leer todos los textos allí propuestos tendremos una buena iniciación a la lectura bíblica.

c. - *salmo para orar*: nos introduce de nuevo en el tema con la oración de Israel y del cristiano.

¿CUANTO TIEMPO SE LLEVA EL CURSO? Pensamos que por lo menos a cada lección hay que concederle dos sesiones de una hora cada una. Esto, tanto con la finalidad de asimilar mejor el contenido del tema, como con la idea que no sea sólo una exposición, sino que también haya reflexión en torno a las lecturas (inicial o final) y en torno a las mismas "reflexiones" que sugerimos.

En el término de un año, con una sesión semanal, habrá tiempo suficiente para realizar todo el curso.

¿ES NECESARIO ALGUN COORDINADOR? Este curso está pensado para grupos, y por lo mismo supone la presencia, al menos esporádica, de algún coordinador que ayude a asimilar más el contenido, a disipar dudas, y a coordinar en general la actividad.

Como promotores del Movimiento Bíblico Católico de Monterrey deseamos "que de este modo, por la lectura y estudio de los Libros Sagrados, 'se difunda y brille la palabra de Dios' (2 Tes. 3,1); que el tesoro de la revelación encomendado a la Iglesia vaya llenando el corazón de los hombres" (Dei Verbum 26).

MONTERREY, N. L. FEBRERO DE 1981.

PROLOGO A LA PRIMERA IMPRESION DE EDICIONES PAULINAS

El libro *La Palabra nos Congrega.* —21 *lecciones bíblicas*— surgió hace tres años como un servicio a la pastoral bíblica. Gracias a Dios ha tenido una significativa aceptación y difusión a través de sus cuatro ediciones, principalmente en Monterrey y algunas diócesis vecinas.

Ediciones Paulinas ha querido ahora publicarlo. Aprovechamos esta oportunidad para realizar algunas modificaciones y adiciones a fin de facilitar más la claridad y la comprensión de los diversos temas. Sustancialmente el contenido permanece siendo el mismo.

Esperamos y deseamos que esta nueva edición que lleva a cabo por primera vez Ediciones Paulinas, constituya un instrumento útil de trabajo en la labor evangelizadora de la Iglesia.

MONTERREY, N. L., ENERO DE 1984

PRIMERA UNIDAD:

INTRODUCCION
A LA BIBLIA.

1 : IMPORTANCIA DE LA BIBLIA
PARA NUESTRA VIDA.

2 : NOCIONES GENERALES
Y MANEJO DE LA BIBLIA.

3 : CONTENIDO DE LA BIBLIA.

4 : LECTURA DE LA BIBLIA.

TEMA 1: IMPORTANCIA DE LA BIBLIA PARA NUESTRA VIDA.

LECTURA INICIAL

1 *Sam. 3,1-4,1a: Vocación de Samuel. Descubrir cómo Dios habla y Samuel escucha la voz de Dios.*

OBJETIVO DEL TEMA

Suscitar el deseo de conocer y valorar la Biblia, y descubrir en ella y en los acontecimientos de nuestra vida la Palabra de Dios que debemos escuchar, vivir y difundir.

DESARROLLO

1. DIOS NOS HA HABLADO

1.1. *Sentido global de la Revelación*

a. Dios quiere entrar en contacto con los hombres, desea entablar un diálogo con nosotros a fin de realizar la historia de la salvación, comunicándonos así su vida divina. A esta iniciativa la llamamos *Revelación*, ya que por medio de ella Dios se nos ha manifestado, se nos ha abierto indicándonos quién es El, y quiénes somos nosotros, y cuál es su plan y proyecto sobre toda la humanidad y la creación entera.

b. Esta revelación se lleva a cabo a través de *obras y palabras* íntimamente ligadas. Por una parte las obras que Dios realiza en la historia manifiestan y confirman lo que las palabras anuncian; y a su vez las palabras proclaman las obras y explican su sentido profundo. Por ejemplo, Dios en el Antiguo Testamento (AT) no sólo anunció a los israelitas su proyecto de liberarlos de la esclavitud egipcia (Ex. 3), sino que también de hecho los liberó y sacó de Egipto (Ex. 12-15). En el Nuevo Testamento (NT), por ejemplo, Jesús multiplica los panes y luego se nos revela como el Pan de Vida explicando así el signo que había realizado (Jn. 6). Declara también que él es la resurrección y la vida, y de hecho resucita a Lázaro (Jn. 11). De esta forma captamos mejor que Dios se revela a través de obras y palabras íntimamente ligadas.

c. Esta revelación que se fue realizando paulatinamente por diversos mediadores, y que tiene su plenitud y perfección en Cristo Jesús, está consignada por escrito en los libros de la *Biblia*. Allí se nos narra esa historia de salvación, se nos cuentan las obras maravillosas que Dios ha realizado y la respuesta que los hombres hemos ido dando a Dios. En la Biblia, pues, encontramos esta Palabra que Dios, a lo largo de la historia, ha comunicado a la humanidad.

1.2. *La Revelación de Dios en el Antiguo Testamento*

a. La *finalidad* del Antiguo Testamento —el período anterior a Jesús— fue preparar la venida de Jesucristo, salvador de toda la humanidad. Esta preparación Dios la llevó a cabo junto con su pueblo elegido de muchas formas: a través de promesas, alianzas, profecías, imágenes, acontecimientos, etc. De esta manera el pueblo, poco a poco, fue experimentando la cercanía de Dios que se revelaba en su historia y que le iba manifestando la futura salvación —total, definitiva y universal— con el advenimiento del reino mesiánico. Así podemos afirmar que el tiempo del AT es el tiempo de la promesa, de la profecía y de la imagen, es decir, el tiempo de la preparación.

b. Dios, como ya señalamos, se fue revelando a través de *obras* y *palabras* íntimamente ligadas. Acontecimientos como la llamada de los patriarcas, la salida de Egipto, la conquista de la tierra, el destierro o exilio en Babilonia iban revelando a un Dios ligado a nuestra historia, a un Dios que tomaba partido por el débil, que se mantenía fiel a sus promesas, que castigaba las fallas a la alianza. Pero los acontecimientos eran interpretados a través de las palabras, fruto de una fe reflexionada constantemente. En este punto los profetas ocupan un lugar clave como intérpretes de Dios: reciben su palabra y la transmiten al pueblo en orden a que los hombres de su tiempo se acerquen más al Señor y a sus hermanos y vivan de acuerdo a las cláusulas de la alianza. Iluminando los acontecimientos que el pueblo va viviendo, los profetas son personas enclavadas en el presente que dan a sus contemporáneos una respuesta de fe ante los cuestionamientos que Dios les iba planteando en la misma historia.

c. Puesto que la Revelación es *progresiva*, en el AT encontraremos muchos elementos imperfectos y pasajeros que nos van manifestando la pedagogía divina que nos lleva de la mano hasta Cristo Jesús. Por ejemplo, el juicio que se tiene sobre la enfermedad, la muerte, la pobreza, como castigos de Dios, va evolucionando en el mismo AT y encuentra un sentido totalmente diverso a la luz de Cristo.

1.3. *La Revelación de Dios en el Nuevo Testamento*

a. *Jesús*, Palabra de Dios hecha carne (Jn. 1,14), vino a llevar a plenitud y perfección la revelación iniciada en el AT. Por eso con Jesús termina el tiempo del Antiguo Testamento, es decir, el tiempo de la preparación. Se da ahora ya la realización, el cumplimiento y la realidad (cfr. Lc. 16,16). Ha llegado "la plenitud de los tiempos" (Gál. 4,4). Estamos ya en la nueva y definitiva Alianza. No hubo ni habrá una comunicación más extraordinaria que la llevada a cabo con la encarnación del Hijo de Dios, en quien se cumplen y se realizan todas las promesas del AT.

b. Esta revelación y salvación Jesús la llevó a cabo a través de toda su *persona*: con su presencia y manifestación, con sus palabras y obras, signos y milagros, y sobre todo con su muerte y gloriosa resurrección, con el envío del Espíritu de la verdad. En cada una de estas realidades enunciadas podemos descubrir la revelación plena que Dios nos ha querido hacer. Por ejemplo sus parábolas del Reino nos van manifestando la naturaleza del Reino de Dios; su actitud con los pecadores nos revela la misericordia de nuestro Padre Dios; sus denuncias a los poderosos y su actitud hacia los marginados nos manifiestan a un Dios que toma partido por el débil y explotado, etc.

c. Los *Apóstoles*, testigos de las palabras y obras de Jesús, transmitieron lo aprendido de su Maestro. Ellos, fieles a la misión recibida de

El y asistidos por el Espíritu Santo, anunciaron y comunicaron la salvación a todos los pueblos.

d. Esta revelación que es plena en Cristo Jesús y que está consignada en los libros del NT, no es comprendida plena y exhaustivamente por nosotros. Por eso, a través de los siglos, va creciendo su *comprensión* con la ayuda de todo el pueblo de Dios guiado por el Espíritu Santo. "La Iglesia camina a través de los siglos hacia la plenitud de la verdad, hasta que se cumplan en ella plenamente las palabras de Dios" (Dei Verbum —DV— 8).

2. DIOS NOS SIGUE HABLANDO HOY

2.1. *La palabra en la Biblia.* Hemos visto cómo Dios se fue revelando paulatinamente, y cómo su revelación ha quedado consignada por escrito en los libros de la Biblia. Pero la Biblia no es un mensaje del pasado, sino que es una palabra viva y eficaz, más cortante que espada alguna de dos filos (Hebr. 4,12-13). Aunque fue escrita hace mucho tiempo, sin embargo su mensaje sigue siendo válido en nuestro tiempo ya que contiene la Palabra viva de Dios. Por eso Dios sigue conversando hoy con su Esposa amada la Iglesia (DV 8). Por eso también cuando en la Iglesia se lee la Sagrada Escritura, es Cristo mismo quien nos habla. El se hace presente en su Palabra (Sacrosanctum Concilium —SC— 7).

2.2. *La palabra en los acontecimientos.* Dios nos habla también a través de los acontecimientos de nuestra vida personal (alegrías, penas, enfermedades, éxitos, etc.), y de nuestra vida colectiva (campañas de alfabetización, aumento de salarios y de precios, guerras, desempleo, etc.), y a través de los fenómenos de la naturaleza que afectan a la humanidad (terremotos, sequías, lluvia necesaria, etc.). Todos estos acontecimientos son palabra interpelante de Dios, palabra que exige una respuesta nuestra. Muchos de ellos no son voluntad de Dios, pues son contrarios a su plan de salvación, o son parte de nuestra limitación y fragilidad, pero siempre son una palabra divina que nos pide una respuesta concreta. Por ejemplo, las injusticias en sus múltiples manifestaciones, como

son: el hambre, el desempleo y subempleo, la violación de los derechos humanos, la creciente brecha entre ricos y pobres, etc., no son voluntad de Dios, pues son contrarios a su plan de salvación —que todos seamos hermanos—, pero sí son palabra de Dios en cuanto nos interpelan a no permanecer indiferentes y pasivos ante ellas, sino a denunciarlas y a luchar contra la raíz y las manifestaciones de esas injusticias. La enfermedad, la muerte, etc., son parte de nuestra fragilidad y limitación, pero su proceso se acelera por unas estructuras injustas: falta de nutrición, vivienda, descanso, recursos sanitarios adecuados, etc. Son palabra de Dios en cuanto nos interpelan a luchar por la vida, por la dignidad humana, a enfrentarnos a esas situaciones, a quitar los procesos que aceleran la enfermedad y la muerte, etc. En una palabra, todos los acontecimientos, positivos y negativos, leídos a la luz del Evangelio, nos dejan un mensaje interpelante de Dios. Es la Palabra de Dios en los signos de los tiempos (cfr. Mt. 16,1-4; Lc. 12,54-56).

2.3. *La palabra en el hermano.* Dios también nos comunica su mensaje a través de nuestros semejantes. Aun cuando este aspecto de alguna forma está implícito en lo que hemos señalado anteriormente, preferimos ahora explicitarlo por razón de su importancia. Las palabras, las actitudes, las carencias, la vida entera de nuestros hermanos es una auténtica palabra del Señor cuando sabemos discernirla a la luz del Evangelio, y somos capaces de salir de nuestro egoísmo para ir al encuentro del hermano, sobre todo del más necesitado e indefenso (Mt. 25,31-46; Lc. 10,29-37). "Se los aseguro: cada vez que lo hicieron con uno de estos hermanos míos tan pequeños, lo hicieron conmigo" (Mt. 25,40).

2.4. *La interrelación de estas palabras.* La palabra escrita en la Biblia, la palabra acontecida en la vida diaria, y la palabra presente en el hermano se interrelacionan mutuamente. La Biblia nos hace cuestionarnos nuestra vida: nuestros valores, nuestros criterios de juicio, nuestras actitudes, nuestra sociedad, nuestras estructuras económicas, ideológicas, políticas, etc. Y a su vez los acontecimientos y los hermanos nos llevan a descubrir el mensaje que Dios, a la luz de la Biblia, nos transmite a través de ellos. "La evangelización no sería completa si no tuviera en cuenta la interpelación recíproca que en el curso de los tiempos se establece entre el Evangelio y la vida concreta, personal y social del hombre. Precisamente por esto la evangelización lleva consigo un mensaje explícito, adaptado a las diversas situaciones y constantemente actualizado, sobre los derechos y deberes de toda persona humana, sobre la vida familiar sin la cual apenas es posible el progreso personal, sobre la vida comunitaria de la sociedad, sobre la vida internacional, la paz, la justicia, el desarrollo; un mensaje especialmente vigoroso en nuestros días, sobre la liberación" (Evangelii Nuntiandi —EN— 29).

3. DIVERSAS ACTITUDES ANTE LA PALABRA DE DIOS

Cuando alguien le habla a otra persona, siempre espera que se le preste atención, que se le escuche y que luego se le responda. Así sucede con Dios que nos habla. Espera nuestra respuesta de fe que abarca la totalidad de nuestras dimensiones y aspectos personales y comunitarios. Sólo así se instaura el verdadero diálogo de salvación. La Palabra de Dios, escrita y acontecida, no nos puede dejar neutrales e indiferentes: la aceptamos o la rechazamos.

Teniendo en cuenta esto podemos examinar las diversas actitudes que tomamos ante la Palabra de Dios:

3.1. *No atender* a la voz de Dios, como el pueblo que no quiso escuchar la voz de los profetas (Jer. 7,23-28).

3.2. *Escuchar* la Palabra de Dios, pero no *cumplir* lo que allí se nos pide, como la gente que acudía en tropel a Ezequiel por simple curiosidad, lo escuchaban, pero no ponían en práctica el mensaje de Dios (Ez. 33,30-33), o como el hijo que dice "sí" a su padre, pero luego no cumple con su palabra (Mt. 21,28-32).

3.3. *Escuchar* la Palabra y *ponerla en práctica*, como el hombre que edifica sobre buenos cimientos (Lc. 6,47-49), o como María que es la Madre de Jesús no sólo porque lo engendró a la vida, sino principalmente porque escucha y pone en práctica la Palabra de Dios (Lc. 8,

19-21; 11,27-28; 2,19.51). Quien actúa así está difundiendo también la palabra del Señor como lo realizaron los tesalonicenses con su ejemplo de acogida de esa palabra (1 Tes. 1,6-10; 2,13), o como lo hicieron los apóstoles quienes con gran libertad y valentía predicaron la palabra del Señor (Hech. 4,18-20.29-31).

4. CONCLUSION: IMPORTANCIA DE LA BIBLIA

Los tres pasos anteriores nos han llevado a descubrir la importancia que tiene el conocer la Biblia para que podamos escuchar, poner en práctica y difundir la palabra divina. Así surgirá un verdadero diálogo entre Dios y nosotros. Así seremos capaces de descubrir en los acontecimientos, leídos a la luz del Evangelio, lo que Dios nos quiere comunicar. Por eso la Iglesia recomienda vivamente la lectura de la Biblia (DV 21.25-26).

—"La Iglesia siempre ha venerado la Sagrada Escritura, como lo ha hecho con el Cuerpo de Cristo, pues, sobre todo en la sagrada liturgia nunca ha cesado de tomar y repartir a sus fieles el pan de vida que ofrece la mesa de la Palabra de Dios y del Cuerpo de Cristo" (DV 21).

—"Desconocer la Escritura es desconocer a Cristo" (San Jerónimo, citado en DV 25).

—Cristo "está presente en su palabra, pues cuando se lee en la Iglesia la Sagrada Escritura, es El quien habla" (SC 7).

REFLEXIONES

1.—*¿Por qué es importante la Biblia para nuestra vida?*

2.—*¿Qué enseñanza nos deja el modo como Dios se fue revelando a través de la historia?*

3.—*¿Qué implica para nosotros el hecho que Dios se sigue comunicando en nuestra propia vida y en nuestra historia personal y comunitaria?*

4.—*¿En qué hechos o situaciones concretas de hoy en día descubrimos que no escuchamos la voz de Dios, más aún, que la hacemos a un lado?*

5.—¿Qué podemos hacer para no sólo escuchar la Palabra de Dios, sino también para ponerla en práctica y difundirla entre nuestros hermanos?

LECTURA FINAL

Lc. 8,4-15: Parábola del Sembrador. Descubrir las diversas actitudes que tenemos ante la Palabra de Dios.

ACTIVIDADES EN CASA

Preguntas:

1.—¿Cómo entró Dios en contacto con el hombre y con qué finalidad?

2.—¿Cuál es el sentido de la revelación en el Antiguo Testamento?

3.—¿Cómo se reveló Jesús?

4.—¿En qué sentido la Biblia es palabra actual?

5.—¿En qué sentido todo acontecimiento es palabra de Dios, pero no necesariamente voluntad suya?

6.—¿En qué sentido Dios nos habla a través de los hermanos?

7.—¿Qué actitudes se dan ante la Palabra de Dios?

Lecturas selectas

1.—Dios, en el AT, entró en contacto con su pueblo:

—hablando: Gén. 12,1-3; Ex. 6,2-13; Dt. 4, 9-14; 5,1-5; Jer. 7,21-28; Am. 3,7-8; 7,10-17.

—actuando: Ex. 12,37-42; 14,15-31; 19,1-8; Jer. 31,31-34; Ez. 16,59-63; 36,16-32.

2.—Dios nos ha hablado en la plenitud de los tiempos a través de su Hijo, la Palabra hecha carne: Jn. 1,1-18; Hebr. 1,1-4; Gál. 4,4-7.

3.—Dios nos habla también a través de los acontecimientos y de los hermanos: Mt. 16, 1-4; Lc. 12,54-56; Mt. 25,31-46; Lc. 10,29-37.

4.—Diversas actitudes ante la Palabra de Dios: Ez. 33,30-33; Mt. 21,28-32; Lc. 2,19.51; 6,46-49; 8,19-21; 10,38-42; 11,27-28; Jn. 8,47; 14, 23-24; 1 Tes. 2,13-16; St. 1,21-25.

5.—DEI VERBUM 1-10: La Revelación y su transmisión.

Salmo para orar: 95 (94): "Ojalá escuchen hoy su voz...".

TEMA 2: NOCIONES GENERALES Y MANEJO DE LA BIBLIA.

LECTURA INICIAL

Is. 55,10-11: *Eficacia de la Palabra de Dios.*

OBJETIVO DEL TEMA

Tener un primer contacto global con la Biblia conociendo los datos o nociones esenciales de ella; de esta forma nos iniciaremos en su manejo.

DESARROLLO

1. SIGNIFICADO DEL TERMINO "BIBLIA"

1.1. *Etimológicamente* "Biblia" significa "libros o "conjunto de libros". Estos, a pesar de su número y diferente contenido, guardan una perfecta unidad porque tienen en común el desarrollo del Plan de Dios y han sido escritos bajo la inspiración del mismo Dios.

1.2. *Realmente*: La Biblia es la Palabra de Dios que se comunica al hombre para descubrirle su Plan de Salvación.

1.3. *Otros nombres* de la Biblia: "Sagradas Escrituras", "Libros Santos o Sagrados", "la Palabra de Dios", "la Escritura", etc.

2. PERSONAJES DE LA BIBLIA

Los protagonistas del libro Sagrado son Dios y el hombre. Dios que habla y actúa realizando la Salvación; el hombre que escucha y vive esta Salvación.

El hombre, uno de los personajes de la Biblia, hay que entenderlo no aisladamente, sino visto en comunidad como pueblo. Dentro de este pueblo, encontramos como figuras importantes en el Antiguo Testamento a: Abraham, Moisés, David, los profetas, etc.; y en el Nuevo Testamento a: Jesús, María, los Apóstoles, etc.

3. CONTENIDO DE LA BIBLIA

La Biblia contiene la historia de las intervenciones salvíficas que Dios ha tenido para con la humanidad. Es una historia en la que el hombre en ocasiones ha colaborado libremente en el plan divino, y otras veces ha rechazado y se ha opuesto tenazmente a la salvación ofrecida por Dios. No obstante la infidelidad humana Dios continúa dándonos la salvación.

4. DIVISION DE LA BIBLIA

4.1. *División fundamental.* La Biblia se divide en dos partes fundamentales: El Antiguo Testamento (Antigua Alianza) y el Nuevo Testamento (Nueva Alianza). Los dos Testamentos suman un total de 73 libros: 46 libros del AT escritos antes de la venida de Cristo y 27 del NT escritos después de su venida.

4.2. *División específica.* Una forma de dividir los dos Testamentos más específicamente es la siguiente:

a. **Antiguo Testamento:**

—Libros históricos o narrativos: 21 (encontramos historia y narraciones).
—Libros didácticos: 7 (encontramos sabiduría y poesía).
—Libros proféticos: 18 (encontramos la predicación y la vida de los profetas).

b. **Nuevo Testamento:**

—Libros históricos o narrativos: 5 (Evangelios y Hechos de los Apóstoles).
—Libros didácticos: 21 (las cartas de Pablo y otros Apóstoles).
—Libros proféticos: 1 (el libro del Apocalipsis).

Además cada libro está dividido en capítulos y éstos a su vez se subdividen en versículos (cfr. No. 9 "Manejo de la Biblia").

5. COMPOSICION DE LOS LIBROS

5.1. *Proceso de composición.* Para entender el proceso de composición de la Biblia hay que tomar en cuenta, entre otras cosas, dos factores importantes.

a. *Diversos autores en un mismo libro.* En el plan humano cada uno de los libros de la Biblia puede ser el fruto de diversos autores de distintas épocas. Por ejemplo en el libro de Isaías podemos distinguir al menos tres autores de diferentes épocas, pero unidos en una misma línea de pensamiento y tradición: Is. I (c. 1-39) del s. VIII a.C.; Is. II (c. 40-55) que predicó en el s. VI a.C.; e Is. III (c. 56-66) —uno o varios autores— del s. V a.C. Evidentemente este proceso de composición difiere de las técnicas nuestras actuales.

b. *Puesta por escrito.* El pueblo de Israel fue experimentando la cercanía de Dios que se le revelaba por medio de palabras y acontecimientos. Tanto las palabras como las acciones divinas fueron transmitiéndose de viva voz, y a la vez, interpretándose por la misma tradición religiosa. Sólo paulatinamente se fue poniendo todo esto por escrito hasta llegar a la redacción final de los libros. Lo que tenemos escrito en la Biblia es la vivencia de fe que interpreta y transmite los acontecimientos (cfr. Dt. 29,1-3; Jn. 2,19-22). A veces un mismo acontecimiento es interpretado desde diferentes perspectivas según la vivencia del autor y de su comunidad. Por ejemplo, la persona y el ministerio de Jesús es presentado bajo diversos enfoques en los cuatro evangelios.

5.2. *Fechas de composición.* Es difícil precisar con exactitud la fecha en que fue escrito cada uno de los libros de la Biblia; esto se debe por una parte, a la antigüedad de los mismos, y por otra, a que en la composición de cada uno de ellos intervinieron muchas veces diversos redactores, como ya lo explicamos. Globalmente podemos decir, que los libros del AT fueron compuestos entre el siglo X y el I a.C., y los del NT entre el año 50 y el 150 d.C.

5.3. *Autores.* Dios y el hombre son los autores de la Escritura. Dios se valió de algunos hombres de la comunidad que, como verdaderos autores, pusieron todas sus capacidades para la composición de los libros bíblicos. Estos hombres, en la tradición posterior, son llamados hagiógrafos o escritores sagrados.

6. LENGUAS Y VERSIONES DE LA BIBLIA

6.1. *Lenguas bíblicas.*

a. En *hebreo* fueron escritos casi todos los libros del AT.

b. En *arameo*, algunas partes de los libros de Esdras y de Daniel.

c. En *griego*, algunos libros del AT: Sabiduría y segundo de Macabeos; partes de Ester y Daniel; y todos los libros del NT.

6.2. *Versiones o traducciones.*

a. Dos son las principales *versiones antiguas* de la Biblia: la de los LXX y la Vulgata. La primera es una traducción del hebreo al griego hecha por diversos autores judíos entre el s. III y II a.C., contiene sólo el AT en griego. La segunda, fue realizada en el siglo IV d.C. por San Jerónimo, contiene el Antiguo y el Nuevo Testamento en latín.

b. Muchas y muy variadas son las *traducciones modernas* de la Sagrada Escritura. Entre las principales, en español, enumeramos las siguientes: Biblia Latinoamericana, Nueva Biblia Española, Biblia de Jerusalén, Dios habla hoy, la Sagrada Biblia, Nácar-Colunga, Bover-Cantera, Cantera-Iglesias, etc. La diferencia entre ellas radica no en el contenido, que es el mismo, sino más bien en la técnica, el estilo y el lenguaje de la traducción, y en sus notas explicativas.

7. INSPIRACION - CANON - VERDAD

7.1. *Inspiración*

a. Por inspiración de la Sagrada Escritura, entendemos, aquella luz y fuerza del espíritu que Dios comunica a los autores para que pongan por escrito todo y sólo aquello que El quiere, de tal forma que lo consignado en los libros, será verdaderamente Palabra de Dios y palabra humana.

b. Hay que tener en cuenta sin embargo, que esta inspiración divina se da no sólo en el redactor último de un libro, sino en todas aquellas personas que de una u otra forma intervinieron para la puesta por escrito de un determinado libro bíblico.

c. De esta manera, la Iglesia tiene por santos e inspirados, según la fe apostólica, todos los libros del AT y del NT, porque los considera como realmente escritos bajo la inspiración del Espíritu Santo (2 Tim. 3,15-16; 2 Pe. 1,19).

7.2. *Canon*

a. Por Canon se entiende "el conjunto de libros admitidos y reconocidos por la Iglesia como inspirados".

b. Dos son los cánones del AT que conviene especificar: El primero de ellos es el Canon largo (o alejandrino); consta de 46 libros. Este canon es seguido por católicos y ortodoxos. El otro canon es llamado Canon corto (o palestinense); consta de 39 libros, es admitido por judíos y hermanos separados. Tanto judíos como hermanos separados, excluyen de su canon bíblico 7 libros llamados por nosotros "deuterocanónicos" y por ellos "apócrifos". La razón de esta exclusión es porque en la antigüedad se pensó que no fueron escritos originalmente en lengua hebrea. Estos libros son: Tobías, Judit, Sabiduría, Eclesiástico, Baruc, 1 y 2 de Macabeos. Lo mismo las partes griegas de los libros de Ester y Daniel.

c. El canon del NT está formado por un total de 27 libros y es aceptado por católicos y hermanos separados; los judíos no lo admiten.

7.3. *Verdad.* En razón de que Dios ha inspirado los libros sagrados, podemos afirmar que en ellos encontramos la verdad en orden a nuestra salvación. La Biblia basada en la historia no pretende comunicarnos una verdad de tipo científico, sino la interpretación que hace de la misma historia a la luz de la fe, es decir, nos comunica la verdad salvífica: "Los libros sagrados enseñan sólidamente, fielmente y sin error la verdad que Dios hizo consignar en dichos libros para salvación nuestra" (DV 11).

8. HERMENEUTICA O INTERPRETACION

La Hermenéutica es la ciencia que nos da las reglas para la interpretación de un texto, en nuestro caso, del texto bíblico.

Una verdadera hermenéutica debe partir del hecho que la Biblia es a la vez palabra humana y palabra divina siempre actual. "Dios habla en la Escritura por medio de hombres y en lenguaje humano; por lo tanto, el intérprete de la Escritura, para conocer lo que Dios quiso comunicarnos debe estudiar con atención lo que los autores querían decir y Dios quería dar a conocer con dichas palabras" (DV 12).

Por eso la interpretación de la Biblia debe tener en cuenta, simultáneamente, tres aspectos:
—la ciencia, pues la Biblia es palabra humana
—la fe, ya que la Biblia es Palabra de Dios
—la vida, porque la Biblia es palabra actual.

De esta forma evitaremos caer en errores, como por ejemplo:

—confundir nuestras imaginaciones o fantasías con lo que realmente dice el texto bíblico

—pensar que nosotros tenemos la verdad absoluta en la interpretación de la Biblia

—hacer de la Biblia un texto neutral que no cuestione ni modifique nuestra vida ni nuestros criterios prácticos, manipulando así la Palabra de Dios a nuestro antojo.

Por otra parte no hay que olvidar que la hermenéutica o interpretación va creciendo y progresando constantemente. Con la ayuda del Espíritu Santo crece nuestra comprensión de la Biblia. "La Iglesia camina a través de los siglos hacia la plenitud de la verdad, hasta que se cumplan en ella plenamente las palabras de Dios" (DV 8).

Analicemos ahora brevemente los tres elementos de la hermenéutica bíblica.

8.1. *La ciencia, porque la Biblia es palabra humana.*

Para captar mejor un texto bíblico debemos buscar, por nuestro medio y con la ayuda de libros o personas, cuál fue la intención del autor humano expresada y plasmada en el texto. De hecho nosotros al autor sólo lo conocemos a través del texto. De allí la importancia de recurrir al texto, y de ubicar a su autor.

a. *El texto.* Debemos siempre partir de una lectura atenta y repetida del texto que vamos a analizar. Esto nos ayuda a verlo bajo diversos aspectos, y a fijarnos por ejemplo en:

—palabras y expresiones repetidas, semejantes u opuestas.

—personas que intervienen: qué dicen, qué hacen, qué les pasa, etc.

—diferentes lugares; diversos tiempos; etc.

Todo esto, y el darnos cuenta del contexto en el que se encuentra nuestro texto, nos va proporcionando elementos fundamentales para su comprensión. Permite dejar "hablar" al texto, y ponernos realmente a su "escucha"; impide que inventemos cosas que de ninguna forma aparecen en el texto.

b. *El autor.* También es importante ubicar al autor en el tiempo, en el espacio, en la vida social y literaria para comprender mejor su intención plasmada en el texto, y así captar mejor la intención de Dios. Para lograr esta tarea nos puede servir el contestar a preguntas similares a las siguientes:

—quién escribió y en qué época

—cuál era la situación y problemática a la que se enfrentaban sus lectores o destinatarios

—cuál era la manera de pensar y de expresarse en aquella época

—qué forma o género literario (por ejemplo: historia, reflexión, ficción, etc.), empleó para comunicarnos su mensaje.

La labor de los exégetas o investigadores de la Escritura es sumamente indispensable a este respecto. De hecho, directa o indirectamente, la mayoría de los cristianos nos servimos de su estudio e investigación a través de los cursos que tomamos, los libros sobre Biblia que consultamos, las introducciones y notas explicativas que tenemos en nuestras Biblias. Creemos que los apéndices que se ofrecen al final de este libro, también proporcionan ayudas en esta línea.

8.2. *La fe, porque la Biblia es Palabra divina.* Nosotros nos acercamos a la Biblia como creyentes. Sabemos que Dios, junto con los escritores sagrados, es el autor de toda la Biblia. Por eso a la vez que afirmamos que la Biblia es palabra humana, también confesamos que es Palabra divina. A través de esa Palabra Dios nos está hablando e interpelando; nosotros nos constituimos en oyentes de esa palabra, en fieles que estamos a la escucha de lo que Dios quiere de nosotros. Y para llevar a cabo esto se necesita la fe, sin ella la Biblia quedaría como una joya literaria o cultural, pero no como palabra que nos está interpelando.

Para una recta interpretación en esta línea de fe no debemos perder de vista tres principios fundamentales que nos ayudan bastante:

—la unidad y contenido de toda la Escritura, pues Dios es el autor de ambos testamentos

—la analogía de la fe, es decir, la iluminación que se hace de un misterio a otro

—y la tradición viva de la Iglesia expresada en escritos, culto, predicación, etc.

A este respecto el Magisterio de la Iglesia, no desligado del resto del Pueblo de Dios, y sabiendo que no está por encima de la Palabra del Señor, ejerce el servicio de la interpretación autoritativa de la Escritura.

8.3. *La vida, porque la Biblia es Palabra de Dios actual.* La Biblia, como ya lo señalamos desde el primer tema, no es letra muerta u obra de museo, sino que es Palabra siempre actual y siempre nueva que ilumina y cuestiona nuestra vida.

Ante nuestra situación personal y comunitaria, social y económica, política y religiosa, familiar y educativa, etc. Dios tiene algo que decirnos. En la Biblia encontraremos el espíritu y las grandes pautas de nuestra respuesta concreta ante las diversas situaciones que se nos van presentando. La Biblia no es un libro de recetas y de respuestas fáciles a los problemas de hoy. Pero allí encontraremos el espíritu con que podremos responder.

Para que nuestra interpretación actualizada de la Biblia sea correcta, además de la ciencia y de la fe, debemos tener en cuenta a la comunidad que es guiada por el Espíritu Santo, y dentro de esa comunidad a los más pobres y sencillos, a los marginados. Serán ellos quienes en este punto nos ofrecerán la pauta de una auténtica interpretación de la palabra viva del Señor. Así lo afirma Jesús: "Bendito seas, Padre, Señor del cielo y de la tierra, porque, si has escondido estas cosas a los sabios y entendidos, se las has revelado a la gente sencilla; sí, Padre, bendito seas, por haberte parecido eso bien" (Mt. 11,25-26; cfr. 1 Cor. 1,17 - 3,4; Jn. 7,47-49). Será desde la perspectiva de los pobres, desde la solidaridad con ellos donde podremos leer auténticamente el Evangelio...

9. MANEJO DE LA BIBLIA

La Sagrada Escritura está compuesta por 73 libros, a los que identificamos con un nombre; cada uno de estos libros se pueden agrupar dependiendo del contenido de los mismos en: históricos o narrativos, didácticos y proféticos. Pero para mayor facilidad del manejo de la Biblia, se utilizan otros signos: siglas o abreviaturas, puntos, comas, etc. De ellos y el uso que les damos hablamos enseguida.

9.1. *Siglas, capítulos, versículos*

a. *Las siglas*: Se da el nombre de siglas a las abreviaturas de los nombres de los libros, por ejemplo Jn. = Juan; Ex. = Exodo.

b. *Número del libro*: Cuando hay varios libros con el mismo título, se pone un número antes de la sigla, indicando así que se trata del primero, segundo o tercer libro, por ejemplo 2 Sam. = Segundo libro de Samuel; 3 Jn. = Tercera carta de Juan.

c. *Los capítulos*: Se llama así a los trozos largos en que se divide cada libro y se indica con un número relativamente grande que va después de la sigla, por ejemplo Jn. 5, equivale a decir: Evangelio de Juan, capítulo 5; 1 Re. 2 = primer libro de los Reyes, capítulo 2.

d. *Los versículos*: Son trozos más pequeños que los capítulos, son subdivisiones de ellos; en cada libro de la Biblia varía el número de los capítulos y versículos, por ejemplo Jn. 5,8 equivale a decir: Evangelio de Juan, capítulo 5, versículo 8.

e. *Libros de un capítulo*: Cuando se cita un texto tomado de estos libros, los números que se utilizan después de la sigla corresponden a los versículos, por ejemplo: Jds. 5 = Carta de Judas, versículo 5; 2 Jn. 4 = Segunda carta de Juan, versículo 4.

9.2. *Signos de puntuación*

a. *La coma*: Siempre la encontramos en medio de dos números e indica que el primero hace referencia al capítulo y el segundo al versículo, por ejemplo Mt. 4,2 significa: Evangelio de Mateo, capítulo 4, versículo 2.

b. *El punto*: Este signo se utiliza para significar "Y", por ejemplo Gén. 3,1.9 equivale a: Libro del Génesis, capítulo 3, versículos 1 y 9.

c. *El punto y coma*: Estos signos, cuando van juntos, equivalen a una nueva cita, después de haber hecho una anterior, por ejemplo Jn. 10,4;12,9 quiere decir: Evangelio de Juan, capítulo 10, versículo 4 y capítulo 12, versículo 9. Esto mismo se hace cuando las citas son de libros distintos, por ejemplo Jn. 1,18; Mt. 5,8.

d. *El guión*: Este signo equivale a decir "AL", por ejemplo Jn. 7,4-8 quiere decir: Evangelio de Juan, capítulo 7, versículos del 4 al 8; Mt. 6,19-7,5 equivale a: Evangelio de Mateo, capítulo 6, versículo 19 al capítulo 7, versículo 5.

e. *La letra "s"*: Ordinariamente se utiliza al final de una cita, e indica, que además de considerar la cita que se ha dado debe leerse el versículo siguiente, por ejemplo Lc. 11,27s equivale a: Evangelio de Lucas, capítulo 11, versículo 27 y siguiente. Si encontramos "ss" deben leerse los versículos siguientes que hablan del mismo tema.

f. *Las letras "a, b, c"*: Cuando después de una cita hay alguna de estas letras, significa que lo que buscamos está en la primera, segunda o tercera parte respectivamente, del versículo, por ejemplo Gén. 4,3b indica que nos referimos al capítulo 4, versículo 3 en la segunda parte. Estas letras sin embargo, son poco utilizadas.

REFLEXIONES

1.—¿Cuando leemos la Biblia, lo hacemos con la intención de transformar nuestra vida personal y nuestra conducta social?

2.—¿Cuando escuchamos o leemos la Biblia, creemos sinceramente que es Dios quien nos habla en ese momento?

3.—¿En nuestro tiempo, inspirará Dios a algunas personas para hablar y actuar?

4.—Muchas personas se acercan a la Biblia a fin de encontrar en ella verdades científicas, ¿qué podemos decir al respecto?

5.—¿Hasta qué punto dejamos que la Sagrada Escritura ilumine y cuestione nuestra vida; y a la vez, que nuestra misma realidad, personal y comunitaria, nos ayude a una mejor interpretación de la Biblia?

LECTURA FINAL:

Heb. 1,1-4: *Dios se revela en plenitud a través de su Hijo.*

ACTIVIDADES EN CASA

Preguntas:

1.—¿Qué es la Biblia?

2.—¿Quiénes son los protagonistas de la Biblia?

3.—¿Cuál es el contenido global de la Sagrada Escritura?

4.—¿Cuáles son las dos grandes partes de la Biblia y cuántos libros tiene cada una de ellas?

5.—¿Qué factores intervinieron en la composición de los libros sagrados?

6.—¿En qué fechas fueron compuestos los **libros de ambos** testamentos?

7.—¿En qué lenguas fue escrita la Biblia?

8.—¿Quién es el autor de la Vulgata?

9.—¿Qué es inspiración?

10.—¿Qué se entiende por Canon, y qué Canon del AT seguimos los católicos?

11.—¿Qué tipo de verdad encontramos en la Biblia?

12.—¿Qué es la Hermenéutica?

13.—¿Qué triple aspecto debemos tener en cuenta para la interpretación de la Biblia? ¿Por qué?

14.—Ejercicio práctico para manejar la Biblia:

+ Descifrar las siguientes citas, vgr. Jc. 2, 1-11 = Jueces, capítulo 2, versículos del 1 al 11.

1 Sam. 12,5-10.
Jer. 7,10-15.
Sab. 5,10-15.
Mt. 7,1-10.15.
Mc. 1,8-15;7,1-6.
Flm. 5.
2 Jn. 8.
St. 5,1ss.

¿Cuántos capítulos tiene el evangelio de **Lucas?**

¿Cuántos versículos tiene el capítulo 5 de Miqueas?

Lecturas selectas

1.—Algunas características de la Palabra de Dios: Is. 40,6-8; Ef. 6,17; Hebr. 4,12-13; 2 Tim. 2,8-9.

2.—Las diversas partes de la Escritura: Prólogo del libro del Eclesiástico; Lc. 24,44-49.

3.—Inspiración de las Escrituras: 2 Tim. 3,14-17; 2 Pe. 1,19-21; Hech. 1,16; 3,18-24; 4, 25-26.

4.—Hermenéutica: Lc. 24,13-32; Jn. 2,22; 14,26; 16,13-15; Hech. 8,25-40; 2 Ped. 3,14-16.

5.—DEI VERBUM 11-13: Inspiración e Interpretación de la Escritura.

Salmo para orar: 119 (118), 89-112: "Lámpara es tu palabra para mis pasos ...".

TEMA 3: CONTENIDO DE LA BIBLIA.

LECTURA INICIAL

Dt. 26,1-11: Profesión de fe del pueblo con ocasión de las primicias de la tierra.

OBJETIVO DEL TEMA

Descubrir las grandes líneas de la historia de la salvación, y percatarnos de las constantes fundamentales que se dan en esa historia salvífica.

DESARROLLO

1. SINTESIS DE LA HISTORIA DE LA SALVACION

Ya hemos visto que la Biblia es la Palabra de Dios que contiene la historia de nuestra salvación, es decir, la historia de las intervenciones de Dios en favor nuestro, y la respuesta que los humanos hemos dado a Dios.

Hemos también analizado que en esta historia de salvación hay dos grandes partes: el tiempo anterior a la venida del Mesías, que denominamos Antiguo Testamento, y el tiempo en que el Hijo de Dios se hace presente entre nosotros para inaugurar la plenitud de los tiempos. A este período le llamamos Nuevo Testamento.

Tanto judíos como cristianos creemos en un Dios que interviene en la historia. Por eso las profesiones de fe, tanto del Antiguo, como del Nuevo Testamento, son profesiones de fe históricas (Dt. 6,21-25; 26,5-10; Jos. 24,2-13; Neh. 9, 5-37; Sal. 136; Jud. 5,5-21; Hech. 7,1-53; 17,22-34, etc.).

En la Segunda Unidad de este libro abordaremos más ampliamente la historia de la salvación, ahora sólo pretendemos ofrecer una introducción, una síntesis.

1.1. *Un Pueblo que se prepara.* Dios desde el principio ha querido la salvación de todos los hombres. Desgraciadamente el hombre, desde sus orígenes, rechazó esa amistad divina separándose así de Dios, enemistándose con sus semejantes, y trastornando su relación con la misma naturaleza. A pesar de esto Dios nunca abandonó a la humanidad caída en el pecado.

Deseando la reagrupación de los hombres divididos por el pecado, Dios quiso formar un pueblo, y para eso eligió a los patriarcas: Abraham, Isaac y Jacob. Ellos son los portadores de las promesas que se harán realidad en un futuro: promesas de la descendencia, de la tierra y de la bendición a todos los pueblos. A través de los patriarcas, modelos de fe, esperanza y obediencia, Dios va preparándose un pueblo.

1.2. *Un Pueblo que se libera y se forma.* Los descendientes de los patriarcas se establecieron en Egipto, allí sufrieron la opresión y la esclavitud. Clamaron a su Dios y Él los liberó sacándolos de la esclavitud. Moisés fue el guía elegido por Yahvéh su Dios para llevar a cabo esta empresa liberadora. Salieron de la tierra y marcharon por el desierto, rebelándose contra el Dios que los había sacado de la esclavitud. Dios los perdonó y les mostró su cuidado proveyéndolos de las cosas necesarias: el pan, el agua, etc. En el desierto pactaron una Alianza con Yahvéh su Dios y así quedó constituido y formado el Pueblo de Dios.

1.3. *Un Pueblo que vive bajo la Alianza.* Al conquistar la tierra de Canaán bajo el mando de Josué se establecieron allí. Hubo momentos de gran fidelidad a Dios, pero, poco a poco, no obstante las amonestaciones de los profetas, se fueron separando de Yahvéh y olvidaron la alianza que habían pactado. Los poderosos explotaban a los débiles; utilizaban el culto y las instituciones religiosas para tener seguridad y pretender sobornar al Dios de la alianza. Por eso Dios rechazó a su pueblo con la destrucción de los reinos de Israel y de Judá. El exilio fue el castigo a la ruptura de la Alianza.

1.4. *Un pueblo bajo la esperanza de la Nueva Alianza.* El castigo del exilio no es la última palabra del Señor, sino que de nuevo les va a mostrar su misericordia devolviéndolos a la tierra que habían perdido y dándoles la esperanza de una nueva alianza que no fallaría como la anterior. El pueblo del exilio, ayudado por diversas personas, empieza a reflexionar sobre su situación, reconoce su error y se convierte al Señor.

Al regresar a la tierra empieza a vivir la época de los humildes comienzos. Sin grandes seguridades humanas, sólo con la seguridad de la promesa divina va preparándose en el anhelo y la esperanza la plenitud de los tiempos, la venida del Mesías y la instauración del reinado universal y definitivo de Dios.

1.5. *Un Pueblo bajo la Nueva Alianza.* Cuando llegó la plenitud de los tiempos, Dios envió a su Hijo nacido de mujer, nacido bajo la ley. En Jesús se cumplen todas las promesas del AT, en él llega a su plenitud toda la historia de la salvación.

Con su presencia y manifestación, con sus palabras y obras, signos y milagros, sobre todo con su muerte y gloriosa resurrección, con el envío del Espíritu de la verdad instaura y hace presente el Reino de Dios, nos revela la misericordia de Dios que es nuestro Padre, manifiesta y realiza la reagrupación de los hombres dispersos y divididos por el pecado. Agrupa en torno a sí discípulos y gente que lo sigue, formando con ellos la comunidad, el nuevo Pueblo de Dios abierto a judíos y gentiles. En su sangre sella la nueva y definitiva Alianza.

Sus discípulos peregrinamos en este mundo, colaborando en la construcción del Reino de Dios y anhelando el retorno glorioso de Nuestro Señor Jesucristo.

2. TEMAS FUNDAMENTALES

En esta historia de la salvación hay tres componentes importantes: Dios y el Pueblo ligados en una Alianza. Analicemos brevemente estos tres aspectos.

2.1. *Dios.* El Dios de nuestros padres, de Abraham, Isaac y Jacob (Ex. 3,6), se revela con su nombre propio: Yahvéh (Ex. 3,13-15). "Yo soy el que soy" no es una respuesta filosófica, sino la manifestación del compromiso de Dios que entra en la historia humana para tomar partido por el débil y el explotado (Ex. 3). Es el Dios liberador, Señor de la historia humana (cfr. Am. 2,10-12; 9,7; Is. 10,24-27; 22,11). Es el Dios de la naturaleza y de la creación (Sal. 8; Gén. 1,1-2,4a; Job. 38-41). Fuera de El no hay ningún otro Dios (Is. 41,24.29; 43,11; 44,6). Es el Dios a quien no podemos encasillar (Job. 38-42), ni localizar (2 Sam. 7,5-7), ni manipular ni fabricar a nuestra medida (Os. 11,9; Núm. 23, 19; Jud. 8,16), ni siquiera hacer su imagen (Ex. 20,4-5; Dt. 5,8-9), pues su imagen está en el prójimo (Gén. 1,26-27; 9,6).

Jesús nos lo ha revelado preferentemente con el nombre de Padre (Mt. 11,25-27; Mc. 14,36; Lc. 23,34.46; Jn. 11,41; 17,1.5.11) para mostrarnos así su misericordia. En la persona de Jesús conocemos la existencia trinitaria. Su Padre lo ha enviado a él (Jn. 3,16; 4,34; 5,36), y él juntamente con su Padre nos dan al Espíritu Santo Paráclito (Jn. 14,16-17.26; 16,13-15).

En continuidad con todo el AT, Dios en Cristo Jesús se identifica con el marginado (Mt. 25, 31-46).

2.2. *El Pueblo.* Dios que ha creado al hombre como ser sociable, ha querido también ofrecer la salvación no al hombre aislado, sino al hombre llamado a formar comunidad.

Por eso desde el AT en vista a la salvación de toda la humanidad (Gén. 12.3), Dios se eligió para sí un pueblo para que fuera de su propiedad (Dt. 7,6; 14,2), pueblo consagrado a El por la alianza (Ex. 19,5-6), pueblo de Yahvéh (Jc. 5,13). El motivo de la elección no radica en los méritos o cualidades de Israel, sino en la misericordia de Dios que lo ama (Dt. 7,7-8; 4,37; 10,15). De ahí que la elección no sea fuente de privilegios, sino de responsabilidades.

En el NT Jesús, el elegido de Dios (Lc. 9,35; Jn. 1,34) constituye él mismo el nuevo Pueblo de Israel (cfr. Mt. 2,15; 4,1-11). En Cristo Jesús nosotros, judíos y gentiles, hemos sido elegidos por Dios (Ef. 1,3-14), para formar su nuevo Pueblo (1 Pe. 2,9-10; cfr. Mt. 16,18), pueblo universal (Hech. 10,34-48; 13,46-48), sin barreras de ninguna especie (Gál. 3,28; Col. 3,11) tal como lo habían anunciado ya los profetas (Is. 19,16-25;49,6; 45,14; Miq. 4,1-3; Zac. 14,9.16; cfr. Sal. 87).

2.3. *La alianza.* La fórmula "Yo seré tu Dios, y tú serás mi pueblo" (cfr. Lev. 26,12; Ez. 36, 28; 37,27) condensa la relación de amor y compromiso que liga a Dios y al pueblo. Dios es el que ha tomado la iniciativa de unirse a su pueblo, pero el compromiso de fidelidad es mutuo. Esta es la alianza que se pactó en el AT y se hizo nueva y definitiva en Cristo Jesús. Sólo a la luz de la alianza podemos entender toda la Biblia.

Ya en el AT Dios se había ligado con diversas personas: con Abraham (Gén. 15,18; 17,2-11), con David (2 Sam. 7; Sal. 89,4-5; Is. 55,3), con Leví (Mal. 2,4-5), pero principalmente con su pueblo de Israel (Ex. 19-20). No obstante las infidelidades de éste, Dios les prometió una nueva y definitiva alianza (Jer. 31,31-34; Ez. 36,25-28) que se llevaría a cabo a través del Siervo de Yahvéh (Is. 42,6; cfr. 49,6; 53,12).

Esta nueva alianza ha sido sellada en la sangre de Jesús (Mt. 26,28), poniendo así fin a las transgresiones de la antigua (Hebr. 8,6-13; 9, 15s). Es la alianza nueva de la que los escritos del NT dan fe que ha sido cumplida (2 Cor. 3,4-6; Gál. 3,15-20; Hebr. 12,18-29). Nosotros vivimos bajo esta alianza definitiva.

REFLEXIONES

1.—*Dios a lo largo de la historia de salvación se nos ha revelado como un Dios cercano, liberador, que toma partido por el débil. ¿Cómo hacemos presente, ante los demás, a este nuestro Dios? ¿De acuerdo a nuestras obras, en qué Dios creemos?*

2.—*El pueblo de Israel fue infiel a la Alianza pactada con Yahvéh, entre otras cosas, porque fue injusto con los demás. Menciona algunas formas concretas cómo nosotros rompemos frecuentemente la Alianza con Dios.*

3.—*Dios ofrece la salvación no al hombre aislado, sino al hombre en comunidad. ¿A qué nos compromete el hecho que Dios nos quiere salvar en comunidad?*

LECTURA FINAL

Ef. 1,3-14: *El plan divino de salvación universal en Cristo.*

ACTIVIDADES EN CASA

Preguntas:

1.—¿Cuál es el contenido fundamental de la Biblia?

2.—¿Con qué personajes Dios va preparando a su pueblo?

3.—¿Con qué acontecimientos Israel quedó constituido como pueblo de Dios?

4.—¿Cuál es la experiencia del pueblo en relación a la alianza?

5.—Ante el rompimiento de la alianza, ¿qué promete Yahvéh a su pueblo?

6.—¿De qué manera Jesús hace presente el Reino de Dios?

7.—¿Cómo se nos ha revelado Dios en la historia de la salvación?

8.—¿Qué características tiene el nuevo pueblo de Dios?

9.—¿De qué forma fue sellada la nueva y definitiva Alianza?

Lecturas selectas

1.—Síntesis de la historia de la salvación en el AT: Dt. 6,20-25; Jos. 24,1-13; Neh. 9,5-37; Jud. 5,5-21; Ez. 20.

2.—Síntesis de la obra salvífica de Cristo: Hech. 7,1-53; 17,22-34; Rom. 1,1-7; Flp. 2,6-11; Col. 1,15-20; 1 Tim. 3,16.

3.—La Iglesia pueblo universal: Ef. 2,11-22.

4.—La Alianza entre Dios y el pueblo: Ex. 19,1-20,21; Jer. 13,1-11; 31,31-34; Lc. 22,19,20; Hebr. 8,6-13.

5.—DEI VERBUM 14-20: Antiguo y Nuevo Testamento.

Salmo para orar: 136 (135): "Dad gracias al Señor, porque es bueno, porque es eterna su misericordia"...

TEMA 4: LECTURA DE LA BIBLIA.

LECTURA INICIAL

Neh. 8,1-9.18: El escriba Esdras lee la Ley ante todo el pueblo.

OBJETIVO DEL TEMA

Ver la importancia que tiene la lectura de la Biblia. Presentar algunos métodos sencillos de lectura; y sobre todo, darnos cuenta que un verdadero contacto con la Sagrada Escritura lleva al cristiano y a la comunidad a una transformación conforme al Evangelio.

DESARROLLO

1. IMPORTANCIA DE LA LECTURA

1.1. *Razones*

La Biblia es la Palabra de Dios dirigida a todos los hombres. Dios que ha querido entablar un diálogo de salvación y de vida con toda la humanidad, ha deseado también que eso se plasmara en los escritos de la Biblia.

Precisamente porque la Biblia es la Palabra de Dios dirigida a nosotros, debe ser leída y escuchada de forma que podamos responderle adecuadamente a Dios que nos habla. De ahí que una Biblia cerrada o decorativa no cumpla plenamente su función de Palabra de Dios; es necesario que sea abierta, leída, escuchada y relacionada con la vida. El no leer la Biblia, el no escuchar su mensaje, el no vivir de acuerdo a ella es un intento de nulificación de la Palabra viva del Señor.

Durante mucho tiempo los católicos descuidamos la lectura de la Biblia. Hoy, gracias a Dios, va creciendo el número de aquéllos que leen la Palabra del Señor y se esfuerzan por vivir de acuerdo a ella.

1.2. *Ejemplos*

En la misma Sagrada Escritura tenemos diversos ejemplos de personas o comunidades que leían y escuchaban la Palabra de Dios, y ante ella cambiaron totalmente su vida o hicieron transformar la conducta de los demás. Esdras en presencia de todo el pueblo y por espacio de una semana lee el libro de la Ley provocando el arrepentimiento del pueblo (Neh. 8,1-9.18; 9,1-3); Jesús en la sinagoga de Nazareth hace la lectura del libro del profeta Isaías (Lc. 4,16-30); María escucha y pone en práctica la Palabra del Señor (cfr. Lc. 2,19.51; 8,19-21; 11,27-28); el eunuco etíope, una vez que ha estado en Jerusalén, va de regreso a su tierra leyendo al profeta Isaías, y después de que Felipe le explica la Escritura, el eunuco cree, se convierte y se bautiza (Hech. 8,26-40); la comunidad de Tesalónica, al estar en contacto con la Palabra predicada, se convierte en modelo para los creyentes de Macedonia y Acaya (1 Tes. 1,2-10; 2, 13ss.).

2. CARACTERISTICAS DE LA LECTURA

De acuerdo a los mismos principios de interpretación de la Biblia enunciados en el segundo tema, la Biblia debe leerse:

2.1. *Inteligentemente*, es decir, tratando de captar el sentido auténtico que el autor humano quiso expresar, y que aparece en el texto.

2.2. *Cristianamente* o con espíritu de fe, esforzándonos por oír a Dios que nos está hablando. Si lo escuchamos nos queda la tarea de poner en práctica su Palabra.

2.3. *Actualizadamente*, es decir, desde nuestra situación personal y social, dejando que nos interpele la Palabra del Señor en el aquí y ahora en orden a transformar y cambiar radicalmente nuestra persona, comunidad y estructuras. Esta lectura pues, como ya lo señalamos anteriormente, debe hacerse desde la tradición de los pobres y en solidaridad con ellos. Así nos colocamos en la perspectiva de Dios que es defensor de los oprimidos (cfr. Dt. 10,17-18).

3. METODOS DE LECTURA

Los sistemas o métodos de lectura son muy variados. Nosotros recomendamos tres tipos o clases de lectura:

3.1. *Lectura personal*

Para una persona poco conocedora de la Biblia conviene que en un primer momento lea sólo el NT por ser éste el más comprensible. Puede empezar leyendo los evangelios, luego el libro de los Hechos de los Apóstoles, posteriormente las cartas y el Apocalipsis. Al estar leyendo el NT conviene remitirse a los pasajes del AT relacionados con lo leído, a fin de tener una visión más completa de la lectura.

Consideramos de gran ayuda para la lectura, tener a la mano algún libro auxiliar: alguna Historia bíblica, algún diccionario bíblico o bien un comentario bíblico sencillo.

Si alguien ya leyó el NT y desea conocer más la Escritura leyendo el Antiguo, le sugerimos tener en cuenta las lecturas selectas que en este libro señalamos. A través de ellas se obtiene una panorámica muy buena de toda la Biblia y en especial del AT.

3.2. *Lectura en grupo*

Si nos concretamos sólo a leer la Biblia personalmente, corremos el riesgo de quedarnos con una reflexión e interpretación muy parcial de la misma; por eso sugerimos, dentro de lo posible, la lectura en grupo. Esta será más completa y a la vez más iluminadora, ya que los demás integrantes del grupo nos enriquecerán con sus aportaciones.

En esta clase de lectura señalamos la siguiente metodología:

a. El grupo debe ser pequeño a fin de que haya más participación, uno de los miembros coordina las aportaciones o reflexiones que se vayan haciendo.

b. Si el grupo está formado por principiantes, es bueno por método, seguir algunos pasos que ayuden a adentrarse poco a poco en la reflexión bíblica. Llegará un momento en que no serán necesarios tales pasos ya que las personas del grupo lograrán tener más experiencia al respecto y podrán con mayor facilidad reflexionar la Palabra de Dios.

c. El esquema de los pasos para la lectura en grupo de un texto narrativo puede ser el siguiente:

1) Oración.
2) Lectura del texto a nivel grupo.
3) Lectura del texto en forma personal.
4) Narrar con nuestras palabras lo leído.
5) Señalar los personajes que intervienen y sus actitudes.
6) Enunciar los temas o ideas dominantes de la lectura.

7) Aplicar a nuestra vida el mensaje que hemos descubierto.

8) Compromisos a nivel personal y de grupo.

9) Oración final.

d. En un texto que no sea narrativo, por ejemplo: discursos o trozos de alguna carta, se suprimen los pasos 4) y 5).

3.3. *Lectura litúrgica*

La Iglesia ha querido, a partir del Concilio Vaticano II, que en las celebraciones sagradas haya lecturas de la Sagrada Escritura más abundantes, más variadas y más apropiadas (cfr. SC 35). Fue por eso que hace algunos años se renovó el Leccionario que contiene las lecturas de las misas lográndose así, una mejor selección de textos bíblicos.

En base a esta reforma litúrgica, se tiene la posibilidad de conocer globalmente la Sagrada Escritura a través de los pasajes bíblicos que se leen en cada celebración eucarística.

Aconsejamos pues, en este tipo de lectura, lo siguiente:

—Quienes asistan a misa durante la semana, podrán tener en dos años una visión general de toda la Biblia; para ello, es bueno ir leyendo paralelamente en casa, los textos bíblicos correspondientes a cada día.

—Quienes asistan sólo los domingos, lograrán una visión sintética de la Escritura en tres años; se requiere también, leer en casa los pasajes bíblicos propios de cada domingo.

4. EJERCICIO DE LECTURA EN GRUPO

Creemos conveniente que en esta clase se haga un breve ejercicio de lectura en grupo. Para ello proponemos, como lectura final, un texto sencillo que servirá para poner en práctica el método de lectura de la Biblia en grupo. Este ejercicio puede hacerse en este momento, o si no, después de las reflexiones siguientes.

REFLEXIONES

1.—*¿Creemos sinceramente que la Biblia puede transformar nuestra manera de pensar y de actuar?*

2.—*¿Qué sentido tiene leer la Biblia sin relacionarla para nada con nuestra vida?*

3.—*En los ambientes donde nos movemos ¿qué cosas o situaciones pueden ser confrontadas con la Biblia?*

4.—*¿Qué importancia le damos a la lectura y reflexión de la Escritura en grupo?*

5.—*¿Somos conscientes que cuando se lee la Sagrada Escritura en la comunidad, es Cristo quien nos sigue hablando y que está presente allí?*

6.—*¿A qué se debe que en la mayoría de los cristianos que escuchan la Palabra de Dios proclamada en las misas, no se opere cambio alguno en sus vidas?*

LECTURA FINAL

Lc. 10,25-37: *Parábola del buen samaritano.*

ACTIVIDADES EN CASA

Preguntas:

1.—¿Por qué es importante leer la Biblia?

2.—¿Qué relación existe entre la Biblia y nuestra vida?

3.—Cita algunos ejemplos de personas que aparezcan en la Escritura leyendo la Palabra de Dios.

4.—¿Cuándo la Biblia cumple plenamente su función de Palabra de Dios?

5.—Una buena lectura de la Biblia ¿qué características lleva consigo?

6.—¿Cuáles son las tres clases de lectura bíblica que proponemos en este libro?

7.—¿Qué pasos se sugieren al leer la Biblia en grupo?

Lecturas selectas

1.—Lectura del libro de la Ley: Dt. 17,14-20; 31,9-13; Jos. 8,30-35; 2 Re. 23,1-3.

2.—Lectura por Jesús: Lc. 4,16-22; Lectura por el eunuco: Hech. 8,26-40.

3.—Lectura hecha por la comunidad: Hech. 13,13-15.

4.—La Palabra de Dios se lee y asimila: Ez. 2,1-3,21; Bar. 1,1-14; Ap. 10,8-11.

5.—DEI VERBUM 21-26: La Sagrada Escritura en la vida de la Iglesia.

Salmo para orar: 19 (18): "La Ley del Señor es perfecta...".

UNIDAD II:

HISTORIA
DE NUESTRA
SALVACION.

1 : UN PUEBLO QUE SE PREPARA (CREACION-ORIGENES-P A T R IAR-CAS).

2 : UN PUEBLO QUE SE LIBERA Y SE FORMA EN LA ALIANZA (EXODO-DESIERTO-ALIANZA).

3 : UN PUEBLO BAJO LA ALIANZA (DES-DE LA CONQUISTA DE LA TIERRA HASTA SU PERDIDA).

4 : UN PUEBLO BAJO LA ESPERANZA DE LA NUEVA ALIANZA (EXILIO-RESTAURACION).

5 : UN PUEBLO BAJO LA NUEVA ALIAN-ZA (CRISTO E IGLESIA).

ADVERTENCIA LITERARIA SOBRE EL ANTIGUO TESTAMENTO

Al iniciar esta Segunda Unidad en la que nos fijaremos sobre todo en el AT, conviene hacer dos aclaraciones literarias al respecto.

1. Géneros literarios e interpretación

Dios, como ya lo hemos indicado, se valió del lenguaje humano para comunicarse con nosotros. Y en nuestro lenguaje la verdad se expresa de distinta forma. Esto sucede en la Biblia.

Por ejemplo para los once primeros capítulos del Génesis conviene recordar que los autores no están narrando acontecimientos concretos que ellos vivieron, ni nos están dando una clase de ciencia sobre el origen y formación del mundo, del hombre y la mujer, de las distintas culturas, razas y lenguas; los autores a partir de su realidad y de la realidad conocida de las generaciones anteriores, están haciendo una reflexión sobre el origen del mundo, del hombre, del mal, de las culturas, de las razas, etc. Pero en lugar de transmitirnos una teoría fría, nos presentan unas narraciones —algunas tipo "cuentos"— que contienen grandes verdades teológicas. Bajo un ropaje literario se esconden profundos contenidos de nuestra fe. Nos salimos de las perspectivas de los autores si queremos nosotros imaginar la creación del mundo en seis días, o si queremos dar como una verdad científica la creación del hombre de un monito de barro, o el origen de la mujer de una costilla del varón, etc. Debemos buscar en estas narraciones sencillas y grandiosas las verdades que se nos están transmitiendo.

Para los siguientes capítulos del Génesis y para el resto del AT en sus partes narrativas o históricas, la situación cambia porque en ocasiones, a través de hallazgos arqueológicos, de textos literarios de otros pueblos, de anales históricos de los imperios, podemos llegar a enlazarnos con la geografía y la historia concreta de Israel y de otros pueblos... Sin embargo, siempre hay que tener presente que sus autores no pretendieron transmitirnos únicamente una serie de hechos fríos, sino una historia interpretada a la luz de su fe en un solo Dios que había formado un solo pueblo bajo la única alianza. Por eso nos explicamos que muchos acontecimientos que en sus orígenes pertenecieron únicamente a un grupo, después vengan ampliados y presentados como perteneciente a "todo Israel". Asimismo entendemos que su suerte militar y política viene siempre explicada a la luz de la fidelidad o infidelidad a la alianza. Por eso también nos resulta fácil comprender que hechos que podrían tener una explicación "lógica o natural", ellos —hombres de fe— han visto allí la mano y la presencia de Dios, y luego han engrandecido esos acontecimientos al narrarlos.

2. Reinterpretación de la historia

En Israel muchas veces el mismo acontecimiento fue interpretado de diversa forma de acuerdo a situaciones distintas. Así por ejemplo en el Pentateuco (los cinco primeros libros de la Biblia), encontramos cuatro tradiciones que interpretan los mismos hechos bajo diversas perspectivas. Algo similar a lo que tenemos en los cuatro evangelios, el mismo hecho: la predicación y actuación de Jesús que culmina en su muerte y resurrección viene interpretado desde diferentes puntos de vista, de acuerdo al enfoque peculiar de cada evangelista. Esto nos hace ver el dinamismo de la interpretación y la necesidad de actualizarla continuamente.

Con estas pistas podemos dar un recorrido breve al AT en la perspectiva de la historia de la salvación.

TEMA 1: UN PUEBLO SE PREPARA (CREACION - ORIGENES - PATRIARCAS).

LECTURA INICIAL

Gén. 1,26-2,4a: El hombre, imagen y semejanza de Dios, culmen de la creación.

OBJETIVO DEL TEMA

Descubrir cómo Dios tiene un plan con toda la creación, y sobre todo con la humanidad entera. Este plan va concretándose en la elección de los patriarcas que son los antepasados del pueblo escogido para ser mediador de bendición para toda la humanidad.

DESARROLLO

1. CREACION Y ORIGENES

1.1. *El proyecto de Dios.* El hombre, creatura de Dios, ha sido llamado a realizarse en tres planos distintos, pero íntimamente ligados.

En su relación con Dios, con sus semejantes, y con las cosas se juega su suerte y su vocación suprema.

a. Con relación a *Dios* el hombre ha sido creado por El a su imagen y semejanza (Gén. 1,26-27). Esta realidad lo hace ya distinto de los demás seres creados, pues participa de la inteligencia, voluntad y poder divino. El hecho que el hombre sea imagen de Dios nos habla ya de la dignidad fundamental de todo ser humano y de su vida (9,6) y nos hace ver que el hombre podrá encontrarse con Dios sólo en la medida en que sea capaz de descubrir su imagen en el ser humano. De allí la prohibición de hacerse imágenes de Yahvéh en Israel (Ex. 20,4-6), pues ya existe una imagen divina: la persona humana, a través de él llegamos a Dios. La realidad de la imagen y semejanza divina va preparando también la plena revelación sobre el hombre que nos la hace Jesús, el hombre perfecto: que toda persona está llamada a participar de la misma vida divina; que el ser humano no sólo es creatura, imagen y semejanza divina, sino sobre todo hijo de Dios (Rom. 8,14-17; 1 Jn. 3,1-2).

b. Con relación a los *demás seres humanos* el hombre ha sido creado para vivir la unidad y la comunión. Adán no encontró una ayuda y compañía en los animales. En la mujer sí está ese auxiliar que el varón necesita para no vivir en la soledad. Varón y mujer poseen una dignidad e igualdad fundamental y están llamados a complementarse (Gén. 2,18-24). El hombre por vocación divina, debe ser guardián de su hermano (4,1-16). De esta forma aparece el hombre como hermano de sus semejantes, llamado a construir la unidad. Cuando olvida, desprecia o rechaza esta relación fraternal, y atropella o no vela por la dignidad de sus semejantes, está oponiéndose al plan divino (cfr. Sir. 34,18-22; St. 5,1-6).

c. Con relación a *las cosas*, a la creación entera, el hombre ha sido puesto para dominarla (Gén. 1,28-30). El imponer nombre a los animales indica el dominio que ejerce sobre ellos (2,18-20). Dios, en su designio maravilloso, ha destinado la tierra y cuanto ella contiene para uso de todos los hombres y pueblos, de allí que los bienes de la tierra deban alcanzar a todas las personas y no deban ser acaparados por unos cuantos (Is. 5,8-10; Sal. 37). Por eso en Israel existía la ley del año jubilar (Lev. 25,8-31) que tenía el sentido de restaurar el orden primitivo de la creación: el hombre recobra la libertad, la tierra vuelve a repartirse para que así todos la posean (cfr. Dt. 15,1-18). Si el hombre no tiene lo necesario para vivir dignamente, existe allí un pecado social, o si el hombre se convierte en esclavo del "tener", hay algo contrario al plan divino.

1.2. *La respuesta humana al proyecto divino.* El don de Dios —su plan sobre nosotros— encontró un eco de egoísmo y orgullo en el hombre, que no se contentó con ser semejante a Dios, sino que quiso ser igual a El, intentando inútilmente borrar la distancia y la separación de su Dios, desobedeciendo su mandato (Gén. 3,1-7; cfr. 6,5-8; 11,1-4). Al romperse la relación con Dios, se rompe también la relación con los demás seres humanos y con la misma naturaleza: el varón trata de dominar a la mujer (3,16), el hermano mata a su hermano (4,1-16), los pueblos viven entre rivalidades (11,1-9), el hombre se convierte en esclavo de las cosas (cfr. 3,17-19).

1.3. *Castigo y salvación.* Es cierto que a cada uno de los pecados del hombre narrados en la prehistoria (3; 4; 6; 11) corresponden también un castigo de Dios: expulsión del paraíso para Adán y Eva (3,16-19.23); el ser vagabundo y errante para Caín el fratricida (4,12); el diluvio para la humanidad pecadora (6-8), y la diversidad de lenguas y dispersión ante el intento de la torre de Babel (11,5-9). Pero también es cierto que hay siempre una salvación de parte de Dios. Promete una victoria sobre el mal simbolizado en la serpiente (3,15); hizo a nuestros primeros padres túnicas de piel para que se cubriesen y protegiesen (3,21). A Caín lo marcó con una señal para protegerlo (4,15). Salvó a Noé y su familia del diluvio, lo mismo que a parejas de animales (6-8). Y para restaurar la unidad que se rompió en la diversidad de Babel (11,1-9) prometerá a Abraham que todas las naciones serán benditas en él (12,3).

A través de todos estos datos constatamos que Dios cuidó intensamente del género humano aun antes de haberse dado en el tiempo y en el espacio la elección del pueblo de Israel, cuya función será en beneficio de todas las naciones.

2. LA EPOCA PATRIARCAL
(hacia 1850-1650 a.C. = antes de Cristo).

2.1. *La vocación de Abraham.* Dios irrumpe en la vida silenciosa, tranquila y cómoda de un hombre ordenándole dejar su tierra, su patria y su parentela para lanzarse en el camino del riesgo y de la oscuridad hacia la conquista de unas promesas que jalonan hacia el futuro (12,1-3).

La Palabra de Dios se convierte para Abraham en mandato, promesa y anuncio. Una triple promesa domina el relato de su vocación: tierra, descendencia y bendición en él de todas las naciones del mundo. Estas promesas atraviesan todo el período patriarcal (12,1-3.7; 13, 14-18; 15,4; 17,5-8.16.18-21; 18,18; 26,1-5; 28, 13-15).

2.2. *La respuesta de Abraham.* Ante la Palabra de Dios que se convierte en mandato, promesa y anuncio, Abraham responde con la obediencia, la esperanza y la fe, tres aspectos y dimensiones de su vida que lo proyectaron en el presente hacia la meta del futuro.

a. Abraham *obedeció* al salir de su tierra y ponerse en camino (12,4; cfr. 26,5), lo que significaba para él desinstalarse y dejar su propia comodidad y seguridad, lanzarse al riesgo, al peligro, a lo desconocido. La prueba máxima de su obediencia fue cuando Dios le pidió que sacrificara a su hijo único, a Isaac, a la promesa hecha carne (22,1-19).

b. Abraham *confió* en Dios (15,1-6; Rom. 4, 18).

—Confió en la promesa de la *tierra* a pesar de que la tierra de Canaán fue inhóspita por el hambre que allí había (Gén. 12,10) y de que en Egipto, segundo lugar a donde él se dirigió, peligró su vida a causa de la belleza de su mujer (12,10-20). Peregrino en la tierra de Canaán (13,17), sólo a la muerte de su mujer Sara, al comprar la cueva de Macpelá que servirá de tumba para ella y para él, se cumple la promesa de la posesión de la tierra (23).

—Confió en la promesa del *hijo* no obstante la esterilidad y la avanzada edad de su mujer Sara (16,1; 17,17; 18,10-15), y el intento de hacer su heredero a su siervo el damasceno Eliezer (15,3-4), y a Ismael, hijo suyo y de Agar la esclava (16;17,18). Su confianza fue premiada y coronada con Isaac, el hijo suyo y de Sara (21, 1-4). Pero aun esa promesa hecha carne y realidad fue puesta a prueba cuando Dios le pidió que sacrificara a su hijo único (22,1-19). Gracias a su respuesta positiva Dios se lo devolvió (Hebr. 11,19).

—Confió en la promesa de la *bendición* por su medio a todas las naciones, no obstante que su intercesión por Sodoma y Gomorra fue inútil (Gén. 18,16-33).

c. Abraham *creyó* en Dios y en su palabra salvífica (15,6). Por eso se nos presenta como modelo supremo de la fe (cfr. Rom. 4; Gál. 3, 6ss.; St. 2,23; Hebr. 11,8ss.).

De esta forma la respuesta de Abraham fue completa. Dios selló ese encuentro con Abraham con una alianza en la que Dios tomaba la iniciativa y se comprometía con su siervo y con toda su descendencia. La señal de esta alianza fue la circuncisión (Gén. 17).

2.3. *Los demás patriarcas*

a. *Isaac* viene presentado como el hijo de Abraham y de Sara, es el hijo de la promesa divina (21,1-4). Dios se lo pide en sacrificio y luego se lo devuelve (22,1-19). Se casa con Rebeca (24) y ambos engendran a Esaú y Jacob (25,19-28).

b. *Jacob* se queda con el derecho de primogenitura (25,29-34) y recibe la bendición paterna (27). Dios le cambia su nombre por el de Israel (32,29). En la Biblia aparece como el padre de 12 hijos que son los jefes de las doce tribus de Israel: Rubén, Simeón, Leví, Judá, Dan, Neftalí, Gad, Aser, Isacar, Zabulón, José y Benjamín (cfr. 35,23-26). José, el preferido de Jacob, por envidia fue vendido por sus hermanos. Se lo llevaron a Egipto donde llegó a ser ministro del faraón. Gracias a su política agraria los habitantes de Canaán pudieron acudir a Egipto cuando el hambre arreció. Después de varias entrevistas y peripecias dramáticas, recibió en Egipto a su padre y a sus hermanos, una vez que éstos reconocieron su culpa y su pecado al haber vendido a su hermano, quien los perdonó. De esta forma los descendientes de los Patriarcas se establecieron en Egipto (37-50).

2.4. *Sentido de la época patriarcal*

a. La época patriarcal está dominada por las *promesas*. Estas se van realizando poco a poco a través de todo el AT. Sin embargo la culminación de este cumplimiento se tendrá con la venida de Jesús, el esperado de las naciones (cfr. Gál. 3,16). Los patriarcas mueren saludando desde lejos esas promesas (Hebr. 11,13-16).

b. Los patriarcas son los *antepasados* del pueblo de Israel. Por su medio se va preparando la formación del único pueblo que quedará vinculado por los lazos de la Alianza. Aun cuando quizá pertenezcan originalmente a diversos grupos étnicos, sin embargo la fe posterior los ha visto formando una sola familia, pues de alguna manera ellos han preparado al pueblo que después vivió unido.

c. Los patriarcas son *modelos* de respuesta al plan de Dios, como lo vimos ya en el caso de Abraham.

REFLEXIONES

1.—¿Somos capaces de descubrir la presencia de Dios en la creación y en la naturaleza? ¿Sabemos alabar a Dios por ese motivo?

2.—El hecho de que los bienes de la tierra no alcancen a todos los hombres, ¿está en concordancia con el plan de Dios, o es contrario a su proyecto? ¿Por qué?

3.—¿En qué hechos de nuestra vida individual y social constatamos el pecado como ruptura con Dios, con nuestros semejantes, con nosotros mismos y con las cosas que nos rodean?

4.—¿Nuestra fe abarca todas las dimensiones de nuestra persona, como sucedió con Abraham?

LECTURA FINAL

Gén. 12,1-9: *Vocación y respuesta de Abraham.*

ACTIVIDADES EN CASA

Preguntas:

1.—Según el Génesis ¿cuál es la relación que el hombre tiene con Dios, con sus semejantes y con las cosas?

2.—¿Cuál fue la respuesta del hombre al plan primitivo de Dios?

3.—¿En qué aspectos mostró Dios el castigo, y en cuáles la salvación, en la prehistoria?

4.—¿Qué le pidió y qué le ofreció Dios a Abraham?

5.—Describe los rasgos principales de la respuesta de Abraham.

6.—Señala las características de los demás patriarcas.

7.—Describe el sentido auténtico de la época patriarcal.

Lecturas selectas

1.—Prehistoria: Gén. 1-3; 4,1-16; 6,1-22; 11, 1-9.

2.—Historia Patriarcal:

—Abraham: Gén. 15; 17; 21,1-7; 22; 25, 7-11.

—Isaac y Jacob: 27-28.

—Jacob y sus doce hijos: 35,22b-26; 37, 2-36; 49,29-33; 50,15-26.

3.—Relecturas cristianas:

—Rom. 5,12-21: el segundo Adán.

—Rom. 4: la fe de Abraham.

—Hebr. 11: la fe de nuestros antepasados.

Salmo para orar: 8: "¿Qué es el hombre, para que te acuerdes de él...".

TEMA 2: UN PUEBLO QUE SE LIBERA Y SE FORMA EN LA ALIANZA (EXODO - DESIERTO - ALIANZA).

12; Ez. 36,28; 37,27). Así se constituye y forma el Pueblo de Dios.

LECTURA INICIAL

Ex. 3,1-12: *Aparición de Dios a Moisés dándole a conocer sus planes sobre el pueblo que está siendo oprimido.*

OBJETIVO DEL TEMA

Descubrir cómo Dios no quiere la esclavitud ni la opresión. Lo que El desea es que el pueblo sea libre, y poder así pactar una alianza con él: "Yo seré tu Dios y tú serás mi pueblo" (Lev. 26, 12; Ez. 36,28; 37,27). Así se constituye y forma el Pueblo de Dios.

DESARROLLO

1. ESTANCIA EN EGIPTO (1650-1250 a.C.) Y OPRESION (hacia 1280-1250 a.C.).

Los descendientes de los Patriarcas se establecen en Egipto. Allí se multiplican, realizándose así la promesa de la descendencia numerosa hecha a Abraham. Ante este hecho los egipcios empiezan a temerles, y toman medidas en contra de ellos, obligando a matar a los varones recién nacidos y utilizando a los adultos en trabajos forzados. Así surge la opresión y la esclavitud en contra de los hijos de Israel (Ex. 1).

2. LA LIBERACION O EL EXODO
(Hacia 1250 a.C.).

Dios, a través de su elegido Moisés, interviene liberadoramente en la historia dolorosa de este pueblo para sacarlo de la esclavitud (2-15).

2.1. Nacimiento, infancia y juventud de Moisés.
Moisés, quien, en contra de los planes de Egipto, y presagiando lo que sucedería con el pueblo, ha sido salvado y liberado de las aguas, y ha sido educado en la corte del faraón, deja su situación cómoda al darse cuenta de la opresión que sufren sus compatriotas los hijos de Israel. Interviene en favor de sus hermanos, pero éstos no lo comprenden y por eso huye al desierto (2).

2.2. Vocación y misión de Moisés.
Dios se aparece en el desierto a Moisés para manifestarle quién es El y cuáles son sus planes de liberación para su pueblo oprimido, constituyendo a Moisés como mediador principal de esta misión. De esta manera, en la primera intervención de Dios en la historia, reconocida como tal, Dios aparece no como un Dios neutral, sino como el único Dios que toma partido por el oprimido (3,1 - 4,17). Es el Dios que "ve", "oye" y "conoce" la opresión (2,23-25; 3,7.9.16; 4,31) y al acordarse de su alianza (2,24), visita salvíficamente a su pueblo (3,16; 4,31; 13,19), baja para liberarlos (3,8) entrando en la historia humana conflictiva y tomando partido por el oprimido.

Dios se revela como "Yahvéh" (3,13-15). Su nombre "soy el que soy" puede significar una respuesta evasiva ante el peligro de ser manipulado, como también puede remitir al futuro en la acción: "verán ustedes quién soy, cuando contemplen mi acción liberadora". De una u otra forma las acciones liberadoras de Dios nos dirán quién es El, el que a diferencia de los hombres y de los ídolos, actúa con plena coherencia (cfr. Núm. 23,19; Ez. 36,36; 37,14; Is. 43, 8-13; 44,6-8).

La finalidad de esta liberación que anuncia Yahvéh es que el pueblo pase de la "servidumbre", es decir, de la esclavitud al culto auténtico que es inconcebible sin la liberación (cfr. Ex. 3,12.18; 4,23; 7,26; 8,16; 9,1.13; 10,3; 12,31). El pertenecer a Yahvéh implica que ya no pertenecen al Faraón, que no son ya un pueblo de esclavos, sino un pueblo de libres, de hijos de Dios (cfr. 4,22-23).

2.3. Realización de la misión de Moisés.
Moisés ayudado de su hermano Aarón lleva a cabo la obra de liberación encomendada por Dios. Obra que no es pacífica, sino que se topa ante diversos obstáculos.

a. Se enfrentan ante el mismo *pueblo* que ha de ser liberado, ya que protesta ante las acciones liberadoras (5,20-21) y tiene miedo al riesgo, y por lo tanto a la auténtica libertad (14, 11-12).

b. Se enfrentan ante el *Faraón*, máximo poder de Egipto, que desconoce positivamente a Dios (5,2), y quiere sólo dar una libertad a medias; controlándola (8,24), chantajeándola (10, 8-11), sin ofrecer los medios de subsistencia (10, 24-26), o que quiere permitir el culto, pero sin libertad (8,21ss). Un faraón que resiste y endurece su corazón (7,13-14.22; cfr. 4,21; 7,3).

c. Se enfrentan ante la *naturaleza* logrando dominarla a través de las plagas en contra de Egipto que culminan con la matanza de los primogénitos (7,8 - 13,16). Todo esto permite el paso del mar de las cañas que zanja la geografía y la historia, la tierra de la esclavitud y la tierra de la libertad (13,17-15,21).

d. Se enfrentan ante el mismo *Dios* que parece no apoyarlos en la misión que les ha encomendado (5,22-6,1).

2.4. La liberación y su repercusión en la vida del pueblo.
La salida de Egipto quedará profundamente grabada en el pueblo de Israel y será paradigma, patrón o modelo para cualquier otra intervención salvífica de su Dios.

a. En la *fe* del pueblo siempre quedará claro que su Dios es el que lo ha sacado de Egipto, del país de la esclavitud. Así se autopresenta Dios (20,2; Dt. 5,6), y así lo confiesa el pueblo en sus profesiones de fe (Dt. 6,21-25; 26,5-10; Jos. 24.2-13; Sal. 136).

b. En el *culto,* la fiesta de la Pascua y de los Azimos y la ley sobre los primogénitos servirán siempre como "memorial": recuerdo, presencia y anhelo de liberación (Ex. 12,1-28; 12, 43-13,16).

c. En la *vida* diaria el pueblo sabe bien que no debe esclavizar a los demás ni tratar mal a los extranjeros, porque él fue esclavo y forastero en Egipto (22,20; Lev. 19,33-34; Dt. 15,12-15).

d. En la *esperanza* del pueblo que siempre confiaba encontrar a un Dios liberador en situaciones similares a la de Egipto. Así sucedió en el exilio de Babilonia, donde el profeta Deutero-Isaías (Is. c. 40-55) anunció un nuevo éxodo (Is. 43,16-21; 35).

3. LA CAMINATA POR EL DESIERTO (hacia 1250-1230 a.C.).

3.1. El desierto es la *etapa intermedia* entre la salida de Egipto y la conquista de la tierra, es el interludio entre las dos tierras: la de la esclavitud y la de la libertad. Por eso es un lugar de peregrinación, de paso. Un lugar donde la esperanza se va a aquilatar y acrecentar.

3.2. El desierto, lugar desolado e inhóspito, se convierte en lugar de *prueba*.

a. Dios *"prueba"* a su pueblo mediante las carencias elementales: hambre, sed. Pero a la vez Dios muestra sus maravillas en favor del pueblo: las codornices y el maná (Ex. 16); el agua de la roca (17,1-7), la serpiente de bronce (Núm. 21,4-9).

b. El pueblo *"prueba"* a su Dios que lo ha sacado de la esclavitud de Egipto. Tiene miedo a los riesgos de la libertad, y por eso murmura contra su Dios añorando su situación de esclavos (Ex. 16,1-3; 17,1-4; Núm. 21,4-5). Pero sobre todo peca contra Yahvéh, su único Dios, fabricándose un becerro de oro como imagen de Yahvéh (Ex. 32-34).

3.3. En el desierto, y éste es el punto fundamental, Dios pacta una *alianza*, un compromiso bilateral con su pueblo. De esta manera se forma el pueblo de Dios (Ex. 19-20; Dt. 5-6).

4. LA ALIANZA

La Alianza es el eje central de la vida del pueblo (cfr. Ex. 19-20; Dt. 5-11).

4.1. *La institución humana* de la alianza, sobre todo la del soberano y vasallo, sirvió para significar y realizar la unión de Dios con su pueblo. Es el "sacramento" fundamental que constituye a Israel en pueblo de Dios. Tanto la alianza, realidad del ámbito político, como el matrimonio, realidad del ámbito familiar, sirvieron para expresar las relaciones entre Dios y su pueblo (cfr. Os. 1-3; Is. 1,21; Jer. 2,2; 3,1.6-12; Ez. 16;23).

4.2. *El contenido fundamental* de la alianza expresa un proyecto de comunión que se sintetiza en "Yo seré tu Dios y tú serás mi pueblo" (Lev. 26,12; Ez. 36,28; 37,27; Ex. 19,3-6; Dt. 7, 6). Aun cuando Dios es quien toma la iniciativa y de quien dependen todos los favores, sin embargo se trata de un compromiso bilateral: Dios y el pueblo se obligan a ser fieles.

a. *Dios* se compromete a ser fiel a su pueblo cumpliendo las promesas y protegiéndolo (Ex. 19,3-6; Dt. 7,7-16).

b. *El pueblo* se compromete a ser fiel a su Dios y a sus hermanos mediante la observancia de los mandamientos que regulan su vida con Dios y con sus semejantes (Ex. 19,7-8; 20,1-21; Dt. 5-6).

4.3. Dios *bendecirá o maldecirá* a su pueblo, de acuerdo a su fidelidad o infidelidad a la alianza, al compromiso pactado con Dios (Dt. 28). La historia de Israel, como lo veremos en el próximo tema, fue la historia de las continuas infidelidades del pueblo a la alianza, la historia de los continuos fracasos divinos ante la terquedad de su pueblo (Ez. 16; 20; 23). Pero es también la historia de la constante misericordia de Dios hacia su pueblo (Ez. 36,16-38; 37).

REFLEXIONES

1.—*¿En qué se manifiesta hoy día la situación de opresión? ¿Cómo debemos permanecer los cristianos ante esta realidad: pasivos y tolerantes o luchando en contra de las injusticias y opresiones?*

2.—*La misión de la Iglesia es la liberación integral del hombre, liberación del pecado y de todo aquello que es fruto o expresión del pecado. ¿Somos conscientes de esto y estamos trabajando en esta línea?*

3.—*¿El ser parte del Pueblo de Dios nos ha dado realmente una conciencia y vivencia comunitaria y solidaria con nuestros semejantes?*

4.—*¿Qué compromisos implica para nosotros el hecho de vivir bajo la nueva alianza?*

5.—*Como pueblo o Iglesia peregrina, ¿nos damos cuenta que debemos renovarnos constantemente, que no podemos anclarnos sólo en el pasado?*

LECTURA FINAL

Dt. 30,15-20: *Los dos caminos ante la alianza.*

ACTIVIDADES EN CASA

Preguntas:

1.—¿Qué reacción tuvieron los egipcios ante los descendientes de los patriarcas, cuando éstos crecieron y se multiplicaron?

2.—¿Por qué Moisés abandonó su situación cómoda y qué consecuencias le comportó esto?

3.—¿Cuáles fueron los planes de Dios en favor de su pueblo oprimido y por qué?

4.—¿Qué significa el nombre de Yahvéh?

5.—¿En qué forma Moisés se enfrentó ante el pueblo, ante el faraón, ante la naturaleza y ante el mismo Dios?

6.—¿Qué repercusiones tiene el acontecimiento del éxodo en la fe, el culto, la vida y la esperanza del pueblo?

7.—Describe los distintos aspectos del desierto.

8.—¿Por qué la Alianza es el eje central de la vida del pueblo y en qué consiste?

Lecturas selectas

1.—Opresión. Nacimiento y vocación de Moisés: Ex. 1-3; 6,28 7,7.

2.—La liberación de Egipto: Ex. 12,21-42; 14,15-31; 15,1-21.

3.—Caminata por el desierto: Ex. 15,22-17, 16.

4.—La Alianza en el Sinaí: Ex. 19,1-20,21; 24,1-11; 32-34; Lev. 19,1-18; Dt. 6,1-13; 29,1-20.

5.—Relecturas cristianas:
   —Mt. 5,17-48: La nueva ley.
   —Mc. 12,28-34: el principal mandamiento.
   —1 Cor. 10,1-13: los acontecimientos pasados figura de los nuevos.
   —1 Cor. 5,7-8: Cristo nuestra Pascua.

Salmo para orar: 114 (113): "¿Qué te pasa, mar, que huyes...".

TEMA 3: UN PUEBLO BAJO LA ALIANZA (DESDE LA CONQUISTA DE LA TIERRA HASTA SU PERDIDA).

LECTURA INICIAL

Jos. 24,1-24: la renovación de la alianza en Siquem. El pueblo unido a Josué se compromete a servir a Yahvéh su Dios.

OBJETIVO DEL TEMA

Descubrir la alianza hecha con Dios como el eje central donde se mueve la historia del pueblo de Israel. La observancia de la alianza atraerá sobre él las bendiciones o favores de Dios. El incumplimiento del pacto provocará el castigo de Dios a su pueblo.

Al mismo tiempo captar que la historia de la salvación se realiza en la historia concreta: social, económica, política y religiosa del pueblo.

DESARROLLO

1. LA CONQUISTA (hacia 1230 a.C.)

La conquista de la tierra de Canaán realizada por Josué, el sucesor de Moisés, pone fin a la caminata por el desierto y corona la salida de Egipto. La tierra se convierte en don de Dios, pero a la vez significa el esfuerzo humano. Al ser conquistada (Jos. 1-12), y luego repartida (13-21), Dios cumple la promesa de la tierra hecha a los Patriarcas (23). El pueblo ratifica y renueva la alianza en Siquem (24; cfr. 8,30-35).

2. EL PERIODO DE LOS JUECES
   (hacia 1230-1030 a.C.)

En el período de los jueces el pueblo peca rebelándose contra Dios con quien había pactado una alianza. Dios los castiga por medio de otras naciones. Sólo cuando su pueblo reconoce su pecado y se arrepiente, entonces Dios lo perdona y lo libera suscitando un juez o libertador entre ellos (Jc. 2,6 - 3,6).

3. LA MONARQUIA UNIDA (1030-931 a.C.)

Las doce tribus de Israel, aunadas ya por la alianza, se unifican políticamente, comenzando así la monarquía que surge tanto por imitación de los pueblos vecinos (1 Sam. 8,5), como por necesidades internas: protegerse contra las invasiones de las naciones que los rodean.

Samuel, el último juez, hace ver que Dios es el auténtico rey de su pueblo (8,7; 12,12), y a la vez constata los peligros de una monarquía autocrática (8,10-22). La historia del pueblo se encargará de mostrar que esos peligros fueron una realidad, y que la auténtica función del rey: asegurar la paz exterior, y proteger a los débiles y explotados haciendo justicia (cfr. Sal. 72), pocas veces se cumplió con fidelidad.

3.1. *Saúl* es el primer rey (1 Sam. 4,11 - 10, 27). Su monarquía es incipiente y no logra unificar todas las tribus. Desgraciadamente fue infiel a Yahvéh (15,10-31).

3.2. *David*, sucesor de Saúl, es el primero que reina de hecho sobre las tribus del sur y del norte, sobre Judá e Israel (2 Sam. 2,1-4; 5,1-5). Conquista Jerusalén, la ciudad jebusea (5,6-12) y traslada allí el Arca de la Alianza, símbolo de la presencia de Dios con su pueblo (6). Convierte así a Jerusalén en el centro religioso y político del pueblo. Quiere construirle a Dios una casa, un templo, pero El no se lo permite, pues es un Dios de la historia, que va de un lado a otro, que no puede ser localizado ni manipulado al antojo del hombre (7,1-7). Dios le promete a David que le construirá una casa, una dinastía, es decir, que siempre habrá en el trono de Judá un descendiente de su familia: es la promesa mesiánica de la dinastía de David (7.12-16). Por eso, no obstante sus pecados (11. 1 - 12,15), David quedará como tipo o figura del Rey Mesías (cfr. Is. 11,1ss; Jer. 23,5; Ez. 34, 23-24; Lc. 1,32-33).

3.3. *Salomón* fue el sucesor de David (1 Re. 1,28-40). Se distingue por su sabiduría (3), sus riquezas y grandes construcciones. A él le corresponde el honor de la construcción del templo de Jerusalén (6-8). Desgraciadamente a causa de sus muchas mujeres extranjeras se apartó de la alianza con su Dios y se fue tras los otros dioses (11,1-13). También fue infiel al pueblo, pues le cargó con muchos impuestos para poder dedicarse a las construcciones y llenarse él de riquezas y esplendor (12,4).

4. DIVISION DE LOS REINOS (931-586 a.C.)

A la muerte de Salomón se hace patente el descontento del pueblo, especialmente de los del Norte que se habían visto cargados con fuertes impuestos. Ante las amenazas de Roboam, el hijo de Salomón, que pretende oprimir más, surge el cisma político-religioso. El pueblo se divide en dos reinos: el de Israel o del Norte, y el de Judá o del Sur (1 Re. 12), cada uno con sus propias capitales y sus propios centros de culto. Poco a poco el pueblo junto con sus dirigentes se va olvidando de la alianza, a pesar de las amonestaciones de los profetas. Dios castigará a su pueblo destruyendo los dos reinos.

4.1. *El Reino de Israel o del Norte* (931-722 a.C.).

El reino de Israel o del Norte tuvo primero como capital a Siquem, luego a Tirsa, y por último a Samaria. Comprendía casi 10 tribus (Efraim, Manasés, Rubén, Gad, Dan, Neftalí, Aser, Zabulón, Isacar y parte de la de Benjamín). Sus 19 reyes, iniciando con Jeroboam, no pertenecían a la familia de David. Sus centros religiosos se establecieron en Dan y Betel, prácticamente sus fronteras. Fueron famosos sus profetas "no escritores": Elías y su discípulo Eliseo, en el s. IX, indudables defensores de la fe yahvista en medio de su pueblo (1 Re. 18-19; 21; 2 Re. 2). Y también sus profetas "escritores" Amós y Oseas en el s. VIII. Los asirios destruyeron el reino del Norte en el 722. Deportaron a los notables hacia Asiria y trajeron a Samaria colonos de allá (cfr. 2 Re. 17, 5ss.).

4.2. *El Reino de Judá o del Sur* (931-586 a. C.).

El reino de Judá o del Sur tuvo como capital política y religiosa a la ciudad de Jerusalén. Comprendía prácticamente dos tribus (la de Judá que ya se había anexado el territorio de la de Simeón, y parte de la tribu de Benjamín). Sus 19 reyes, iniciando con Roboam, pertenecieron a la dinastía de David. En el campo religioso fueron famosos los intentos de reformas hechos por los reyes Ezequías en el s. VIII y Josías en el s. VII. Entre sus profetas podemos enumerar: Miqueas e Isaías I (c. 1-39) en el s. VIII; Sofonías, Nahúm y Habacuc en el s. VII, y en los siglos VII y VI el gran profeta Jeremías. En el 597 los Babilonios hicieron la primera deportación; en el 586 capturaron y destruyeron Jerusalén incendiando el templo salomónico. Se inicia el exilio o destierro en Babilonia. Parte del pueblo permanece en la patria en ruinas o huye hacia Egipto (cfr. Jer. 39-44).

5. LOS PROFETAS PREEXILICOS

Durante este tiempo, como ya hemos señalado, surgieron los profetas que llamamos preexílicos o anteriores al destierro en Babilonia. Su mensaje fundamental fue la denuncia de los pecados del pueblo, y el anuncio del castigo que consistiría en la destrucción de los reinos, dejando, no obstante, una esperanza de salvación para el futuro. Se les llama también "profetas escritores" porque sus oráculos o palabras han llegado hasta nosotros en escritos hechos ordinariamente por discípulos o generaciones posteriores. Recordemos sus nombres: Amós y Oseas que predicaron en el Reino de Israel o del Norte en el s. VIII; Isaías I (1-39) y Miqueas que en el mismo siglo predican en el reino de Judá o del Sur. Allí también, pero en el s. VII, surgen los profetas Sofonías, Nahúm y Habacuc, y principalmente Jeremías cuyo ministerio se prolonga hasta el s. VI poco después de la caída de Jerusalén.

Las características de los profetas las podemos resumir en las siguientes líneas:

5.1. *Son hombres de Dios.*
a. Porque por El han sido *llamados* a predicar con su palabra, con sus acciones simbólicas y con su misma vida el mensaje de Dios.

Todos ellos están convencidos de esa irrupción de Dios en su vida personal (Is. 6; Jer. 1; Os. 1-3; Am. 7,14-16; Miq. 3,8; Ez. 1-3), no obstante su resistencia en ocasiones (Jer. 1,6). Por eso el profeta podrá decir: "Me sedujiste, Señor, y me dejé seducir; me forzaste y me violaste..." (Jer. 20,7).

b. Porque son los *confidentes* de Dios: "No hará cosa el Señor sin revelar su plan a sus siervos los profetas" (Am. 3,7).

5.2. *Son hombres del espíritu.*
a. Porque él es quien *inspira* a los profetas y quien los invade con su fuerza arrolladora (Miq. 3,8; Is. 48,16; 61,1; Os. 9,7; Jl. 3,1).

b. Porque no pertenecen a *ninguna institución* (como es el caso de reyes y sacerdotes) ni a ningún grupo profesional (Am. 7,14).

c. Porque son hombres *libres* que se enfrentan a toda clase de personas e instituciones: "Yo, en cambio, estoy lleno de valor, de espíritu del Señor, de justicia, de fortaleza, para anunciar sus crímenes a Jacob, sus pecados a Israel" (Miq. 3,8).

5.3. *Son hombres de la palabra* (Jer. 18, 18). *Han sido llamados por Dios y han recibido la fuerza del espíritu para anunciar a su pueblo la palabra de Dios.*

a. *Es la palabra de Yahvéh.* Así lo repiten constantemente en los oráculos: "esto dice el Señor...". Una palabra que no les es propia, ni les pertenece, ni está a su alcance (cfr. Jer. 42,1-7; 2 Sam. 7,1-5). Una palabra que el profeta no la puede acallar ni silenciar: "Me dije: No me acordaré de él, no hablaré en su nombre; pero ella era en mis entrañas fuego ardiente, encerrado en los huesos: intentaba contenerlo, y no podía" (Jer. 20,9; cfr. Am. 3,8).

b. Es la palabra que *cala* honda y profundamente en la vida del profeta. En ocasiones es alegría y gozo para él (Jer. 15,16), pero en muchos otros momentos es oprobio y befa para el profeta (20,8). Una palabra que le acarrea problemas, incomprensiones y persecuciones (15,10-21; 20; 36-45; Os. 9,7-9; Am. 7,10-17).

c. Es la palabra de la *tradición actualizada*, está enraizada en el pasado, en la alianza y los beneficios que Dios ha hecho por su pueblo (Am. 2,9-11; 9,7; Os. 1-3; Is. 1,2-3; 5,1-7; Miq. 6,3-5; Jer. 2,1-13), pero a la vez está actualizada a las situaciones y circunstancias concretas, puesto que interpreta la historia que están viviendo.

d. Es la palabra que *interpela*, que provoca una respuesta, que no nos puede dejar indiferentes, y ante la que no podemos permanecer neutrales. *Anuncia* la presencia de Dios en la historia, la salvación divina para el pueblo (Is. 60-62; Ez. 40-48; Os. 14,2-9) y para los demás pueblos de la tierra (Is. 2,1-5; 19,16-25). *Denuncia* los intentos de hacer ausente de la historia al Dios de la historia, denuncia los pecados del pueblo en general y de sus dirigentes en especial.

—Pecados de *injusticia y falsedad* (Am. 2, 6-7; 3,9-11; 4,1-3; 8,4-8; Miq. 2,1-5; Os. 4,1-3; Is. 1,21-28; 5,7-10).

—Pecados del *culto falso o hipócrita* que pretende sobornar a Dios mediante ritos, prácticas cultuales y oraciones, sin tener una verdadera relación de justicia hacia el hermano, olvidando así al verdadero Dios de la alianza, al Dios de la justicia interhumana, al defensor del débil y explotado (Is. 1,10-16; 29,13-14; 58,1-8; Os. 6,6; Miq. 6,6-8; Jer. 6,20; Am. 5,21-27).

—Pecados que consisten en una *falsa seguridad* puesta en su elección, en sus instituciones como el templo (Jer. 7,1-15), o en las promesas como la del "Día de Yahvéh" (Am. 5,18-20).

—Pecados de sus *dirigentes*: profetas falsos (Jer. 14,13-16; 23,9-40; 27,9-10.16-18; 28; Ez. 13), sacerdotes malos (Os. 4,4-10; Mal. 1,6 - 2,9), reyes injustos (Jer. 22,10-30), y en general los malos pastores del pueblo (Ez. 34; Jer. 23,1-2).

—Pecados de *idolatría* que, por la relación matrimonial entre Yahvéh y su pueblo, se convierten en adulterio y prostitución (Os. 1-3; Ez. 16; 20; 23) y que en la práctica no es sólo el realizar cultos idolátricos (Os. 4,12-14), sino el que también se tenga desconfianza de Yahvéh y se ponga su apoyo y seguridad en el poder de las potencias extranjeras (cfr. Jer. 2,18.36-37; Os. 5,12-14; 7,8-12; Is. 30,1-5; 31,1-3) o en las riquezas (Am. 8,4-8; Is. 2,7-9a; 1,21-26; 5, 20-23; 10,1-4a; Jer. 5,26-28; 22,13-19).

5.4. *Son hombres del pueblo.*

a. Porque a él son *enviados* y le sirven auténticamente comunicándole la palabra del Señor, ayudándole a descubrir sus pecados, interpelándolo a una radical conversión (Jer. 3,1-4,4; Miq. 6,6-8; Os. 6,1-6), enfrentándolo con el verdadero Dios, no el dios del culto y de las pere-

grinaciones, sino el Dios de la historia y de la naturaleza, el Dios del prójimo, del desvalido y del explotado: "Prepárate Israel a encararte con tu Dios" (Am. 4,12b).

b. Porque son *intercesores* ante Dios por su pueblo (Am. 7,2-5; Jer. 15,1.11; 18,20; Ez. 9,8; Dan. 9,15-19; Gén. 20,7).

6. REFLEXION SOBRE ESTA EPOCA

La historia de la salvación, en la perspectiva de Ezequiel, es la historia de los continuos fracasos divinos ante la obstinación y cerrazón del pueblo (Ez. 16; 20; 23).

Dios tuvo que destruir su propia obra: su pueblo elegido. La alianza no había ocupado el corazón del pueblo. Los reyes se habían apartado de Dios y del pueblo; éste negó en la práctica su verdadera relación con Dios y con sus hermanos. Por eso Dios abandona a su pueblo. Este abandono se plasmó en el orden político en el exilio en Babilonia, en la pérdida de la monarquía y de la independencia, y en el orden religioso se plasmó en la destrucción del templo, de la ciudad santa. La Gloria de Yahvéh abandonaba al templo y la ciudad (Ez. 8-11).

El pueblo que había sido sacado de la esclavitud de Egipto y había recorrido el camino de la libertad, ahora desanda el camino y retorna a Egipto, al lugar de la opresión (Jer. 42-44), como ya lo había intentado antes (Núm. 14,3-4).

Los escritores "deuteronomistas" fueron los que reflexionando en la Alianza cuyas cláusulas están escritas en el Deuteronomio, juzgaron toda la historia del pueblo, desde la conquista de Canaán hasta la pérdida de la tierra bajo la luz y exigencias de la Alianza, y así, con materiales antiguos compusieron la obra teológica e histórica llamada "la obra historiográfica deuteronomista" que incluye los libros de Josué, Jueces, Samuel y Reyes prologados por el Deuteronomio.

REFLEXIONES

1.—*La tierra prometida fue un don y a la vez una conquista. Dios nos ha otorgado a la humanidad muchos dones y derechos: libertad, justicia, paz, vida, etc. Estos implican por parte nuestra una lucha o conquista. ¿Por qué?*

2.—¿En qué situaciones concretas de nuestra sociedad descubres que muchos no disfrutan totalmente de estos dones?; ¿a qué se debe?

3.—En el AT el Rey tenía como función practicar la justicia en favor de los pobres, los oprimidos, los huérfanos y las viudas. ¿En la actualidad nuestros gobernantes y dirigentes qué intereses defienden: los del pueblo pobre y marginado, o los de los ricos y poderosos?

4.—¿Crees que Dios en la actualidad suscite personas con una misión profética: hombres llenos de Dios, portavoces de su palabra, que anuncian la salvación y denuncian los pecados? ¿Qué caso les hacemos a ellos?

LECTURA FINAL

2 Re. 17,7-23: *Reflexión sobre la ruina del reino de Israel.*

ACTIVIDADES EN CASA

Preguntas:

1.—¿Qué final marca la conquista de la tierra?

2.—¿Qué sucede con el pueblo durante el período de los jueces?

3.—¿Por qué surge la monarquía y cómo es vista por Samuel?

4.—¿Cuál era la función del rey?

5.—Describe brevemente las características de Saúl, David y Salomón.

6.—¿Por qué a la muerte de Salomón se dividen los reinos?

7.—Da los datos principales de cada uno de los reinos: nombre, capital, centros religiosos, destrucción (fecha e imperio), profetas.

8.—Explica lo que se entiende al decir que los profetas son hombres de Dios y del espíritu.

9.—¿Cuáles son las características principales de la palabra profética?

10.—Da algunos ejemplos del contenido del mensaje profético.

11.—¿Por qué los profetas son servidores del pueblo?

12.—¿Por qué Dios destruyó su obra?

13.—¿Qué es la obra historiográfica deuteronomista y por quiénes fue escrita?

Lecturas selectas

1.—La Conquista: Jos. 6;23.
2.—Período de los jueces: Jc. 2,6 - 3,6.
3.—La Monarquía: 1 Sam. 8.
   —Saúl: 1 Sam. 11,12-15; 15,10-35.
   —David: 1 Sam. 16,1-13; 2 Sam. 2,14; 5,1-5; 6-7; 12,1-15; 1 Re. 1,28-40.
   —Salomón: 1 Re. 3,1-15; 5,9-14; 8,14-21; 11,1-13.41-43.
4.—Reinos divididos: 1 Re. 12-13; 2 Re. 17,1-6; 25.
5.—Profetismo.
   —Relatos de vocación: Is. 6; Jer. 1.
   —Experiencia del profeta: Jer. 15,10-21; 20,7-18; Is. 22,1-14.
   —Vida del profeta: Os. 1-3; Jer. 16,1-13; Ez. 3,22-27; 25,15-27; 33,22.
   —Acciones simbólicas: Jer. 18,1-12; 27-28.
   —Denuncias: Is. 1,10-20; 5,8-24; Jer. 22; Am. 2,6-16; 4,1-3; 8,4-8.
   —Promesas: Is. 2,1-5; 54,1-10; Ez. 47,1-12.
   —Enseñanzas: Ez. 18; 33,10-20.
   —Narraciones: Is. 36-39; Jer. 36.
6.—Relectura cristiana:
   —Hebr. 3,7-4,11: El descanso.
   —Mt. 21,1-11: entrada mesiánica a Jerusalén.
   —Mt. 22,41-46: Cristo hijo y Señor de David.
   —1 Cor. 14,1-5: el carisma de la profecía.

Salmo para orar: 78 (77): "Lo que oímos y aprendimos... lo contaremos a la futura generación...".

TEMA 4: UN PUEBLO BAJO LA ESPERANZA DE LA NUEVA ALIANZA (EXILIO - RESTAURACION).

LECTURA INICIAL

Ez. 36,24-28: La nueva Alianza que Dios pactará con el pueblo de Israel.

OBJETIVO DEL TEMA

Darnos cuenta que el castigo del destierro o exilio no es la última palabra de Dios para su pueblo, sino que se convierte en una purificación y en un llamado a la esperanza de la salvación que empieza a realizarse desde el momento en que el pueblo vuelve a su tierra. En ese retorno humilde Dios va preparando la plenitud de los tiempos y la alianza nueva y definitiva.

DESARROLLO

1. EL EXILIO O DESTIERRO EN BABILONIA (586-539 a.C.).

1.1. *El anuncio del destierro.* Conforme el pueblo se iba apartando de la alianza pactada con el Señor, los profetas iban haciendo ver que Dios los castigaría con la maldición, con la pérdida de la tierra y de la independencia (cfr. Miq. 3,12; Hab. 1,5-11). Fue sobre todo el profeta Jeremías quien anunció de una manera muy clara que Dios castigaría las infidelidades del pueblo por medio de Babilonia (1,13-16; 4,6; 6, 1.22s; 25,1-13), y en concreto por medio de su "siervo" Nabucodonosor (25,9). Este anuncio devastador le acarreó a Jeremías muchos problemas: incomprensiones de los suyos que lo tachan de traidor y capitulador (37,11-16), persecuciones de los poderosos (19,1-20,6; 37), enfrentamiento con profetas falsos (28), y hasta decepción y dudas tremendas ante Dios mismo (15,10-18; 20,7-10.14-18).

1.2. *El exilio.* En el año 597 sucede la primera invasión de los Babilonios sobre Jerusalén. El rey Joaquín se rinde, y junto con la reina madre y unos 10,000 judíos son deportados a Babilonia. En lugar de Joaquín, los invasores dejan en Jerusalén al rey Sedecías como vasallo. Este, instigado por sus vecinos, hace diversos intentos de rebelión en contra de Babilonia. Por eso ellos regresan a Jerusalén para iniciar en el 587 el segundo asedio. Al año siguiente, el 586, cayó la ciudad de Jerusalén que fue destruida, el templo fue incendiado. Una segunda deportación a Babilonia se llevó a cabo. Con esto terminó el reino de Judá o del Sur (cfr. 2 Re. 24-25). Poco después, en el 582 hubo una tercera deportación (Jer. 52,30). Muchos permanecieron en la patria en condiciones bastante precarias, otros huyeron a Egipto por temor a represalias de los babilonios (Jer. 39-45).

La destrucción de Jerusalén y el exilio en Babilonia fueron un golpe durísimo para los judíos, especialmente para aquéllos que fueron deportados a Babilonia. Bajo el aspecto sociopolítico se habían quedado sin rey, sin reino, sin independencia, sin tierra propia. Aun cuando no estaban siendo esclavizados, sin embargo eran ciudadanos de segunda categoría, eran los extranjeros que estaban fuera de su patria que había quedado en ruinas (cfr. Sal. 137). Bajo el aspecto religioso la situación no era menos dolorosa: sin templo, sin culto, sin sacrificios, creían que su Dios Yahvéh los había abandonado, siendo él infiel a la alianza, comportándose Dios de una manera injusta (Ez. 18,2; Jer. 31,29) o que los dioses de Babilonia eran más poderosos. La crisis de fe era muy grande. Además habían hecho que los babilonios pensaran que Yahvéh era impotente (Ez. 36,20). Bajo el aspecto anímico podemos señalar a judíos que sólo anhelaban regresar a Jerusalén pues la añoraban bastante (Sal. 137,5-6), en cambio había otros, quizá poco a poco la mayoría, que siguiendo el consejo de Jeremías (29.5ss) se iban instalando y acomodando en tierra extranjera.

1.3. *Maestros durante el exilio.* En el período del exilio Dios se valió de distintos grupos de personas que ayudaron al pueblo a reflexionar, le hicieron caer en la cuenta de su pecado, y lo animaron con la esperanza de la restauración. Fueron ellos los deuteronomistas, los sacerdotes y los profetas.

a. Los *deuteronomistas*, personas imbuidas de la letra y del espíritu del Deuteronomio —el libro de la Alianza— hicieron ver al pueblo que su suerte se debía a las infidelidades a la alianza pactada con el Señor. A la luz de esta alianza, como ya señalamos anteriormente, escribieron la historia del pueblo desde la conquista hasta la pérdida de la tierra. Es la obra historiográfica deuteronomista que va desde el libro de Josué hasta el segundo de Reyes prologados por el Deuteronomio.

b. Los *sacerdotes*, con una visión optimista, escribieron la tradición sacerdotal que atraviesa todo el Pentateuco. Esto lo llevaron a cabo porque se sintieron en una situación similar a la del pueblo que estaba en el desierto antes de la conquista de la tierra prometida. Además fomentaron la práctica de aquellas observancias, como el descanso sabático, la circuncisión, las leyes de pureza ritual, etc., que distinguían a los del pueblo elegido de los extranjeros. Fue naciendo así paulatinamente el "judaísmo".

c. Los *profetas* fueron también maestros de los exiliados.

—*Jeremías* que, desde la patria, instruye a los deportados (29), denuncia los pecados del pueblo, anuncia su castigo, pero a la vez, ante el fracaso de la alianza antigua, hace el solemne anuncio de una nueva alianza sellada en lo más íntimo de las personas (31,31-34).

—*Ezequiel* que en el destierro es llamado a profetizar en medio de sus compatriotas. En el primer período de su ministerio, antes de la caída de Jerusalén, recibe el encargo de ser el acusador de su pueblo, un pueblo rebelde de oídos duros (1-3). Después de la destrucción de Jerusalén ya no es llamado a lanzar amenazas, pues el castigo se ha cumplido, sino a suscitar en el pueblo la esperanza de la restauración. Por eso anuncia la nueva y definitiva alianza al quedar purificados con el agua, y al infundirles Dios un nuevo corazón y un nuevo espíritu (36,24-38; 16,59-63). En la visión de los huesos secos que recobran la vida contempla al pueblo que se siente muerto, sin esperanza, y a quien Dios devuelve a la vida (37,1-14). La visión del nuevo templo, de la nueva ciudad, del nuevo reparto de tierra, del retorno de la Gloria de Yahvéh a Jerusalén (cfr. 40-48), expresan la presencia salvífica de Yahvéh que restaura a su pueblo: "Desde entonces la ciudad se llamará 'El Señor está allí'" (48,35). El profeta subraya que todo esto es pura gracia de Dios, no obstante las infidelidades del pueblo (20,44; 36,22.32).

—El profeta anónimo llamado *"Deutero-Isaías"* (Is. 40-55) fue el profeta de la consolación (40,1ss). El es muy consciente que la palabra de Dios es firme y estable, que permanece para siempre (40,8), y que a la vez es eficaz, pues realiza aquello que anuncia (55,10-11). A diferencia de los ídolos que ni anuncian ni cumplen (41,21-29), Yahvéh es el que anuncia y realiza lo dicho (43,8-13; 44,6-8). Por eso ahora anuncia que va a realizar algo nuevo, un acto liberador, un segundo éxodo que consistirá en sacar a su pueblo de Babilonia para llevarlo a Jerusalén de nuevo (43,16-21; 40,3; 35). "No recuerden lo de antaño, no piensen en lo antiguo; miren que realizo algo nuevo; ya está brotando, ¿no lo notan?" (43,18-19).

1.4. *Valoración del exilio.* El exilio marca un punto muy importante en la historia salvífica del pueblo. Por una parte apareció plenamente su infidelidad a la alianza y por lo tanto el merecimiento del castigo. Pero, por otra parte, el exilio sirvió como algo purificador. El pueblo aprendió a conocer mejor a Yahvéh. Entendió lo que debería ser la alianza y sus compromisos. Comprendió su responsabilidad como testigo de Dios ante los demás pueblos. Aprendió a perder "seguridades": monarquía, tierra, templo, etc. El destierro se convirtió así en un lugar de encuentro y decisión. Judá fue resituada entre las dos tierras, la de la esclavitud en Babilonia, y la suya propia, la de la libertad. Sólo la gracia de Dios hizo posible el perdón, la restauración y el nuevo comienzo. "Y sabrán que yo soy el Señor cuando los lleve a la tierra de Israel, al país que con la mano en alto juré dar a sus padres. Allí, cuando se acuerden de su conducta y de las malas obras con que se contaminaron, sentirán asco de ustedes mismos por las maldades que cometieron. Y sabrán que yo soy el Señor cuando los trate como exige mi nombre, no según su mala conducta y sus obras perversas, casa de Israel —oráculo del Señor—" (Ez. 20,42-44).

2. LA RESTAURACION

2.1. *Situación histórica*

a. *El Imperio Persa* (539-333 a. C.). Ciro rey de Persia, siervo de Dios (Is. 44,28-45,8; cfr. 41,1-5) conquista Babilonia en el 539 poniendo así fin al imperio neobabilónico. Al año siguiente lanza un decreto permitiendo a los judíos que estaban deportados regresar a su propia tierra (Esd. 1). Los pocos judíos que van regresando y que se unen a sus paisanos que no habían sido deportados, se enfrentan ante graves problemas: las murallas de la ciudad están destruidas, el templo se encuentra en ruinas, las casas han sido demolidas. Poco a poco, con la ayuda del mismo imperio persa, se empiezan los programas de restauración. En un primer momento los profetas Ageo y Zacarías (520-518) fomentan la construcción del templo que en el 515 es dedicado. Distaba mucho de la gloria y magnificencia del templo salomónico. Casi un siglo después se comienza la reconstrucción de las murallas de la ciudad (Esd. 4,12). Tanto Esdras como Nehemías fueron grandes impulsores de reformas judías.

b. *El Imperio Griego* (333-63 a. C.) y *el Imperio Romano* (63 ... a. C.). El joven Alejandro Magno se impuso al imperio persa. Comenzaba así el imperio helenístico o griego. Palestina quedó bajo ellos. Primero bajo el mando de los generales egipcios o ptolomeos (del 314 al 197), luego bajo el mando de los lágidas o sirios (197 al 142). En este último período surgió la guerra de los Macabeos como lucha contra el impío Antíoco IV Epífanes que profanó el templo, impidió o prohibió la observancia de la Ley: la circuncisión, el sábado, etc., y persiguió a los judíos. Hacia el 142 el pueblo recobra una cierta independencia. Pero pronto cae bajo el imperio romano. Prácticamente podemos decir que a partir del exilio el pueblo de Israel perdió su independencia, y fue presa de distintos imperios: babilónico, persa, griego y romano.

2.2. *Maestros y creaciones literarias.* Durante este período se van compilando la mayor parte de las obras literarias de Israel: el Pentateuco, las obras de los profetas, los escritos sapienciales y las obras poéticas.

a. Se compila el *Pentateuco* en base a las cuatro tradiciones que se desarrollaron paulatinamente en Israel. La Yahvista (J) del s. X bajo el imperio davídico-salomónico en el sur. La Elohista (E) del s. VIII bajo el ambiente profético del reino del norte. La Deuteronómica (D) basada en el hallazgo del Libro de la Ley en el 622 bajo Josías (2 Re. 22-23). Y la sacerdotal (P) del exilio y postexilio. En las cuatro tradiciones hay una reinterpretación de los mismos hechos a la luz de las situaciones que se están viviendo.

b. Los *profetas* se dedican a promover la restauración y renovación. Su personalidad va desapareciendo, no tenemos ya tan grandes profetas como los preexílicos o los exílicos. Por otra parte los oráculos de estos últimos se van recogiendo en libros.

c. El lugar de los profetas lo van ocupando en cierto sentido los *sabios* que se dedican a reflexionar sobre la vida y la historia de Israel. Plantean grandes interrogantes: sentido de la vida, la enfermedad, el sufrimiento, la muerte, la retribución en el más allá, etc. Nos ofrecen también una serie de consejos prácticos. Y reflexionan sobre la misma sabiduría, la historia de Israel y también sobre Dios. La sabiduría que ellos presentan no es teórica, sino vivencia ética y religiosa. Por eso afirman que el temor de Dios, es decir, la actitud religiosa es la fuente y el principio de la sabiduría. Los escritos sapienciales que encontramos en el A.T., son los siguientes: Proverbios, Job, Eclesiastés o Qohelet, Eclesiástico o Sirácide y Sabiduría.

d. En los *Salmos*, compuestos a lo largo de la historia de Israel, se nos va ofreciendo un repertorio muy amplio de plegarias, sea individuales o comunitarias, que se siguen empleando en el culto judío y cristiano.

—Hay salmos de *alabanza* en los que el fiel descubre la bondad y la grandeza de Dios, y lo alaba mediante un himno (8; 29; 33; 103; 104; 145-150, etc.).

—Existen salmos de *acción de gracias* por los beneficios que de la mano de Dios ha recibido el pueblo entero o algún miembro de la comunidad. Gratitud por la naturaleza y la creación, por la historia salvífica, por los actos liberadores de Dios, etc. (9-10; 30; 65; 66; 124; etc.).

—Tenemos salmos de *súplica* en los que el israelita pide el auxilio de Dios para alguna necesidad (5; 6; 44; 58; 123, etc.), o invoca el perdón de sus pecados (51; 130; 32, etc.) o expresa su confianza en Dios (11; 16; 121; 131, etc.).

—Junto a estas plegarias hay *otro tipo* de salmos, como son por ejemplo, los sapienciales (1; 37; 73; 119, etc.), las exhortaciones proféticas (14; 50; 95, etc.), etc.

e. Los *apocalípticos*, como el libro de Daniel, mantienen la esperanza del pueblo en medio de sus tribulaciones y persecuciones.

f. Hay también obras *históricas o narrativas* que se van realizando en esta época, como por ejemplo, la obra del Cronista (1-2 Cron., Esd., Neh.); las "novelas" de Rut, Tobías, Ester, Judit, etc.; las obras de los Macabeos.

g. En este período se realiza la *traducción* de la Biblia hebrea al griego en la famosa obra de los LXX, y de la Biblia hebrea al arameo en los así llamados "targumim" (traducciones).

h. En este tiempo surgen también los distintos *partidos religiosos judíos*: fariseos, saduceos y esenios. A la vez se intensifica el estudio de la "Ley" por los *escribas*.

2.3. *Sentido de este período*. Es una época pobre, de los humildes comienzos del pueblo. En este ambiente, no espectacular, Dios va preparando, en la sencillez y en la pobreza, la plenitud de los tiempos que nos llega con su Hijo Jesucristo.

REFLEXIONES

1.—*¿En qué aspecto los acontecimientos nos ayudan a nosotros a descubrir la Palabra de Dios?*

2.—*¿La situación de miseria, pobreza, dependencia económica, etc. es castigo de Dios o se debe a otras causas? ¿Cuáles son éstas?*

3.—*El exilio, además de castigo, fue un período de reflexión y conversión al Señor. ¿En qué medida nosotros buscamos tiempos oportunos para reflexionar y convertirnos al Señor y a nuestros hermanos?*

4.—*La literatura sapiencial es fruto de la reflexión sobre las experiencias del pueblo. ¿En nuestras comunidades qué tanto influye la reflexión sobre la situación presente?*

5.—*¿Somos capaces de utilizar, cristianizar y actualizar los salmos como expresión de nuestra relación con Dios?*

LECTURA FINAL

Dan. 7,9-14: Visión del Anciano y del Hijo del hombre.

ACTIVIDADES EN CASA

Preguntas:

1.—¿Quién es el profeta que principalmente anunció la invasión de Babilonia?

2.—¿Para el pueblo qué significó el exilio tanto bajo el aspecto político, como bajo el religioso y anímico?

3.—¿Quiénes fueron los maestros del destierro? Describe brevísimamente su actividad.

4.—¿Qué juicio global podemos dar del exilio?

5.—¿Bajo qué imperios estuvo el pueblo de Israel en el período de la restauración?

6.—¿Cuál fue la función de los sabios en Israel? Enumera los libros sapienciales.

7.—¿Cómo se pueden catalogar los salmos en la línea de la oración?

8.—¿Dentro del judaísmo cuáles son las principales sectas?

Lecturas selectas

1.—Anuncio del asedio de Jerusalén: Jer. 25,1-13; Ez. 4-5; 12.

2.—Situación anímica de los desterrados: Sal. 137; Ez. 37,1-14.

3.—Anuncio del retorno y vuelta de los desterrados: Is. 43,1-7; 41,17-20; 43,16-21; Ez. 37, 15-28; Esd. 1,1-6; Sal. 126.

4.—Reconstrucción del templo y murallas de Jerusalén: Ageo 1-2; Esd. 3,1-13; Neh. 2,11-3,32.

5.—Historia de los macabeos: 1 Mac. 1-2; 2 Mac. 7.

6.—Lecturas sapienciales:
  —La sabiduría: Prov. 8; Sir. 1,1-20.
  —La retribución: Sab. 3,1-12; 4,7-19; 5, 15-23.
  —Sentido de la vida: Qoh. 1,1-11; 3.
  —Problema de Dios: Job. 38-42; Sab. 13.
  —Reflexión sobre la historia de Israel: Sir. 44,1-15; Sab. 10.
  —Máximas diversas: Prov. 25,26; Sir. 37,1-15.

7.—Salmos.
  —de alabanza: 29; 98; 103; 113; 150.
  —de acción de gracias: 67; 118; 138; 124.
  —de súplica: 42-43; 123.
  + perdón: 51; 130.
  + confianza: 16; 27; 121; 131.
  —otro tipo de salmos: 73; 45; 105; 133.

8.—Relecturas cristianas:
  —Rom. 9-11: Situación de Israel.
  —1 Cor. 1,17-3,4; St. 3,13-18: La verdadera sabiduría.
  —Lc. 1,46-55.68-79; 2,29-32; Ap. 5,9-14; 15,3-4: himnos y cánticos.

Salmo para orar: 115 (113 B): "Que el Señor se acuerde de nosotros y nos bendiga...".

TEMA 5: UN PUEBLO BAJO LA NUEVA ALIANZA (CRISTO E IGLESIA).

LECTURA INICIAL

Mt. 26,26-29: La sangre de Jesús que va a ser derramada en la cruz, sella la nueva y definitiva alianza.

OBJETIVO DEL TEMA

Descubrir que la Iglesia, germen e inicio del Reino, constituye el nuevo Pueblo de Israel abierto a todos los hombres, y que debe vivir bajo el influjo de la nueva Alianza. Ser conscientes, a la vez, del carácter comunitario de la Iglesia: la fe sólo se puede vivir en comunidad.

DESARROLLO

1. LA IGLESIA ES EL PUEBLO DE DIOS CONSTITUIDO POR JESUS EN LOS TIEMPOS DEFINITIVOS

1.1. El fin principal del *Antiguo Testamento* fue, como ya lo hemos señalado, preparar la venida de Cristo, Redentor universal, y de su reino mesiánico, anunciarla proféticamente y representarla con diversas imágenes (cfr. DV 15). La alianza antigua dejaría paso a la nueva y definitiva.

1.2. Cuando llegó la *plenitud de los tiempos* (Gál. 4,4), la Palabra se hizo carne y habitó entre nosotros llena de gracia y de verdad (Jn. 1, 14). De esta forma el Hijo de Dios, tomando la condición humana, se hace siervo despojándose de la gloria divina (Flp. 2,6-8; Hebr. 4,15) y así levanta al hombre caído y devuelve a la descendencia de Adán la semejanza divina deformada por el primer pecado.

1.3. Jesús, con sus palabras y obras, vino a proclamar e instaurar la presencia del *Reino de Dios* (Mt. 4,17.23). Reino de Dios que significa vivir la unidad y el amor, la justicia y la verdad, la solidaridad y la fraternidad. Reino de Dios que implica la liberación de todo lo que oprime y esclaviza (cfr. Mt. 8,16-17; 9,35). Un Reino que exige una radical respuesta de conversión y seguimiento a Jesús (Mc. 1,15).

Para hacer visible la presencia del Reino en este mundo Jesús reúne un grupo de personas, hombres y mujeres que lo seguían, que vivían como El, que estaban de parte de él, que se conocían entre ellos y compartían el mismo destino. Es el grupo de los discípulos de Jesús, en el que estaban los Doce (Mt. 10,1-4; 11,1), los "72" (Lc. 10,1-20), y todavía más, un grupo muy abundante (Lc. 6,17; 19,37; Jn. 6,60), compuesto de varones (Mc. 2,14; Mt. 27,57) y mujeres (Lc. 8,1-3; Mc. 15,40-41). Es la comunidad de sus discípulos o seguidores (cfr. Mc. 1,17; Mt. 4,19; 8,22). Son su Iglesia (Mt. 16,18), su pequeño rebaño (Lc. 12,32; Jn. 10,11-18; 21,15-17).

El Reino de Dios estaba destinado primordialmente a los judíos, pero ya que éstos rechazan a su Mesías y Salvador (cfr. Mt. 2,1-12; 21,33-43; 27,25), el Reino se abre a los gentiles y paganos (cfr. Mt. 2,1-12; 8,11-12; 21,43; 28,19-20). De esta forma surge la Iglesia que es el nuevo Israel (Mt. 16,18-20) que se funda en la efusión de la sangre de la Nueva Alianza (cfr. Mt. 26,28).

1.4. El *misterio pascual* —muerte y resurrección— de Jesús constituye definitivamente a la Iglesia. Jesús, el Siervo doliente de Yahvéh que intercede y salva a los hombres (Mt. 12,15-21; 16,21; 17,22-23; 20,17-19) lleva a plenitud su misión a través de su muerte y resurrección. La nueva alianza se sella en la sangre de Cristo que es salvación para todos (Mt. 26,28; Mc. 14, 24; Lc. 22,20 cfr. Jn. 19,34).

2. LA IGLESIA ES EL PUEBLO DE DIOS MANIFESTADO POR LA EFUSION DEL ESPIRITU SANTO

2.1. *Pentecostés* marca el *inicio* de la Iglesia. La primera comunidad cristiana nace de la fe pascual. En Jerusalén deben aguardar la promesa del Padre, la fuerza del Espíritu que los va a hacer testigos de Jesús en todo el mundo (Hech. 1,4.8; cfr. Lc. 24,49). Una vez que lo reciben (Hech. 2,1-13) será el mismo Espíritu que esté presente en todos los miembros de la comunidad, sean judíos o gentiles (10,44-48; 11,15-18) y en todos los momentos y actividades de la Iglesia. Por eso el Espíritu continúa la obra de Cristo (5,32), habla por medio de los profetas (1,16; 3,18-21), da instrucciones (8, 29), toma la iniciativa en el apostolado (13,4), asiste a los ministros de la Palabra (11,28), enriquece con sus dones a la comunidad (1 Cor. 12-14), y en la variedad y riqueza de éstos promueve la auténtica unidad (Ef. 4,1-13). Es el Espíritu el que habita en nosotros como en un templo (cfr. 1 Cor. 3,16; 6,19) y ora y da testimonio de nuestra adopción como hijos (cfr. Gál. 4,6; Rom. 8,14-16.26). Nos guía hasta la verdad total (cfr. Jn. 16,13) y nos hace anhelar el encuentro definitivo con Cristo Jesús (Ap. 22,17).

2.2. *Características de la nueva comunidad*
a. *Prolonga* la obra de Jesús en el tiempo y en el espacio. Por eso su misión será hacer presente el Reino de Dios (Hech. 8,12; 19,8; 20, 25; 28,23.30-31); sus medios serán los de Jesús: la pobreza (Lc. 9,3; 10,4; Hech. 3,6) y la persecución (Jn. 15,18-16,4; Hech. 4,3.21.29; 5,18. 40-41; 7,57 - 8,1). Su ley será la de la caridad fraterna (Jn. 13,34).

b. Su *actividad* se puede resumir en aquello que nos dicen los Hechos: "Eran constantes en escuchar la enseñanza de los Apóstoles y en la comunidad de vida, en el partir el pan y en las oraciones" (2,42).

c. Es una comunidad *abierta* a todos los hombres, sin distinción de razas ni de condición social (cfr. Hech. 2,21; 10,34ss; 13,46-48; 15,14; Rom. 9,24; 1 Tim. 2,4). Entre ellos no debe haber barreras o discriminaciones étnicas, sociales o sexuales (Gál. 3,28; Col. 3,11).

2.3. *Imágenes de la nueva comunidad.* La nueva comunidad viene representada por diversas imágenes que tratan de reflejar la realidad eclesial. Es un pueblo: el nuevo Israel de Dios (Gál. 6,16; cfr. 3,6-9.29; 4,21-31; Rom. 9,6-8). Es un Cuerpo en el que todos los miembros son necesarios (Rom. 12,4-5; 1 Cor. 12,12-30) y en el que Cristo es la cabeza (Ef. 1,22-23). Es un redil o grey (cfr. Jn. 10,1-18), una viña (cfr. Mt. 21,33-34; Is. 5,1ss), una edificación de Dios (1 Cor. 3,9). Es la esposa de Cristo (Ap. 19,7; 21,2. 9; 22,17; Ef. 5,25-26).

3. LA IGLESIA ES EL PUEBLO DE DIOS QUE SE CONSUMARA AL FINAL DE LOS TIEMPOS

3.1. *Peregrinos hacia la meta.* Los cristianos somos peregrinos en este mundo, no tenemos ciudad permanente (Hebr. 13,14). Estamos en el desierto (Ap. 12) y nos dirigimos como el antiguo pueblo de Israel, al descanso de la tierra prometida (Hebr. 3,7 - 4,13), a la Jerusalén celeste (Ap. 21-22), al cielo de donde somos ciudadanos (Flp. 3,20). Este ser peregrinante no nos exime de asumir nuestras responsabilidades en la historia que vivimos (cfr. 2 Tes. 3,10; Ef. 4,28) pero nos alerta para no poner nuestro corazón y nuestras seguridades en las cosas y valores de este mundo que pasa (cfr. 1 Cor. 7,29-31), y además nos hace anhelar el retorno de Jesús: "Marana tha" "Ven, Señor Jesús" (1 Cor. 16,22; Ap. 22,20).

3.2. *Iglesia y Reino de Dios.* La Iglesia terrestre no es fin en sí misma, sino que está orientada en su finalidad y en su actividad hacia la construcción del Reino de Dios. No se identifica con el Reino de Dios, pues éste se da también fuera de los límites visibles de la Iglesia. La Iglesia es germen e inicio del Reino, es un momento provisional en la venida del Reino de Dios.

REFLEXIONES

1.—*¿Qué compromisos surgen para el cristiano al vivir bajo la nueva y definitiva alianza?*

2.—*¿Qué acciones concretas de nuestra comunidad nos hacen ver que estamos colaborando en la construcción del Reino de Dios?*

3.—*¿Utilizamos los medios de poder y de prestigio para nuestras tareas apostólicas? ¿Por qué?*

4.—*¿En nuestras comunidades cristianas hay distinciones y privilegios hacia algunas personas? ¿en qué aspectos: celebración del culto, trato que se les da, etc.? ¿Por qué?*

LECTURA FINAL

1 *Cor.* 12,12-26: *La Iglesia y el símil del Cuerpo.*

ACTIVIDADES EN CASA

Preguntas:

1.—¿Cuál es la finalidad del AT con respecto al NT?

2.—¿Cuál es la misión de Jesús?

3.—¿Quiénes siguen a Jesús y qué les pide él?

4.—¿Por qué se abre el Reino de Dios a los gentiles?

5.—¿Dónde se sella la nueva y definitiva alianza?

6.—Expresa algunas de las funciones del Espíritu Santo con relación a la comunidad.

7.—¿Cuál es la finalidad, los medios y la ley de la nueva comunidad?

8.—¿Con qué imágenes viene representada la Iglesia?

9.—¿Hacia dónde nos encaminamos los cristianos y qué actitudes se desprenden de esta realidad?

10.—¿Qué relación hay entre Iglesia y Reino de Dios?

Lecturas selectas

1.—Algunos textos mesiánicos: Is. 9,1-6; 11, 1-9; Jer. 23,5-6; Ez. 34,23-31.

2.—Jesús Mesías: Mt. 1-2; 4,12-17; 11,2-15; 16,13-20; 21,33-46.

3.—Algunos textos sobre la Iglesia: Mt. 28, 16-20; Hech. 2,1-13; Ef. 2,11-22; Ap. 21-22.

Salmo para orar: 132 (131): "El Señor ha jurado a David una promesa que no retractará: 'A uno de tu linaje pondré sobre tu rono...'".

UNIDAD III

LA PERSONA DE JESUS
Y LOS EVANGELIOS.

1: IMPORTANCIA Y NOCIONES GENE-
RALES SOBRE EL NUEVO TESTA-
MENTO.

2: NOCIONES GENERALES, FORMA-
CION Y CONTENIDO GLOBAL DE
LOS CUATRO EVANGELIOS.

3: JESUS ANUNCIA Y REALIZA EL REI-
NO DE DIOS EN LA TIERRA.

4: ACTITUDES FUNDAMENTALES DE
JESUS.

5: EL MISTERIO PASCUAL DE JESUS.

6: EL SEGUIMIENTO DE JESUS.

TEMA 1: IMPORTANCIA Y NOCIONES GENERALES SOBRE EL NUEVO TESTAMENTO.

LECTURA INICIAL

Jn. 1,1-18: La Palabra de Dios se hizo hombre.

OBJETIVO DEL TEMA

Valorar la etapa definitiva de la historia de la salvación, inaugurada por Jesús en la plenitud de los tiempos. Además conocer algunos aspectos importantes sobre el Nuevo Testamento.

DESARROLLO

1. IMPORTANCIA DEL NUEVO TESTAMENTO EN SI MISMO

1.1. Nuestra *historia de salvación,* como lo vimos en la Segunda Unidad, se desarrolla des-

de la creación hasta la parusía o segunda venida de Cristo.

1.2. El *Antiguo Testamento,* lo hemos repetido, constituye fundamentalmente la etapa de la preparación, de la promesa, de la antigua alianza. El fin principal de esa etapa era preparar la venida de Cristo, anunciarla (cfr. Lc. 24,44; Jn. 5,39; 1 Pe. 1,10) y representarla (cfr. 1 Cor. 10,11). Esto se llevó a cabo mediante las obras y palabras que Dios pronunciaba y realizaba a través de sus enviados.

1.3. Cuando llegó la *plenitud de los tiempos* (Gál. 4,4) envió Dios a su Hijo (Hebr. 1,1-2), la Palabra hecha carne (Jn. 1,14). Jesús a través de toda su vida, especialmente a través de su misterio pascual realizó la plenitud de la revelación y de nuestra salvación. Los Evangelios son el testimonio principal de la vida y doctrina de Jesús, la Palabra hecha carne.

1.4. Jesús mandó a sus *Apóstoles* predicar el Evangelio realizando así la obra de salvación en todos los hombres (Mt. 28,18-20; Mc. 16,15-16; Hech. 1,8). Para que este Evangelio se conservara siempre vivo y entero en la Iglesia, los Apóstoles nombraron colaboradores (cfr. Hech. 20,25-28; 2 Tim. 4,6s comparado con 1 Tim. 5, 22; 2 Tim. 2,2; Tit. 1,5), entre los que sobresalen ya desde antiguo los Obispos. De esta forma se predica el Evangelio, se suscita la fe en Jesús Mesías y Señor, y se congrega a la Iglesia. Las cartas de Pablo y los restantes escritos del Nuevo Testamento nos explican la doctrina de Cristo y nos refieren los comienzos de la Iglesia, su difusión y su gloriosa consumación.

1.5. *En síntesis* podemos afirmar que la historia de la salvación llega a su culmen con la persona de Jesús que viene a establecer la Nueva y Eterna Alianza entre Dios y los hombres, dando así cumplimiento a las promesas antiguas. En los escritos del NT se ha plasmado esta realidad.

2. NOCIONES GENERALES SOBRE EL NUEVO TESTAMENTO

2.1. *Número de libros.*

El NT consta de 27 libros que se pueden dividir de la siguiente forma:

a. 5 libros *históricos o narrativos*: Los 4 Evangelios según Mateo, Marcos, Lucas y Juan, y los Hechos de los Apóstoles.

b. 21 *libros didácticos*:
—las trece cartas de *Pablo*: Rom., 1 y 2 Cor., Gál., Ef., Flp., Col., 1 y 2 Tes., 1 y 2 Tim., Tit. y Flm.
—La carta a los *Hebreos*.
—Las siete cartas *"católicas"*: St. 1 y 2 Pe. 1,2 y 3 Jn., Jds.

c. 1 libro *profético*: El Apocalipsis.

2.2. *La formación del Nuevo Testamento.*

a. *Jesús*, con sus palabras y obras, lleva a cabo la obra de la salvación, inaugurando entre nosotros el Reino de Dios. Jesús envía a sus apóstoles a predicar y continuar la salvación. Jesús no escribió nada, ni ordenó que se pusiera algo por escrito.

b. Los *Apóstoles*, fieles al mandato de Jesús, empiezan a predicar la Buena Nueva, y hacen presente la salvación realizada por el Señor. Todo esto lo llevan a cabo iluminados por el Espíritu Santo y por el acontecimiento glorioso de la Resurrección de Jesús.

c. *Los escritos*. Para conservar la memoria de lo dicho y realizado por Jesús van surgiendo pequeñas colecciones de palabras y/u obras de Jesús, por ejemplo: relatos de milagros (cfr. Mt. 8-9), de parábolas (cfr. Mt. 13; Lc. 15), de discusiones (cfr. Mt. 23), etc., y sobre todo el relato de la pasión, muerte y resurrección de Jesús (cfr. Mc. 14,43-16,8). Estas pequeñas colecciones junto con la predicación oral son la base fundamental de los 4 Evangelios. Además, con ocasión de algunas inquietudes, problemas o noticias de diferentes comunidades, van apareciendo escritos ocasionales destinados a las distintas Iglesias y personas. Así surgieron y se formaron los restantes libros del Nuevo Testamento. Todos han sido escritos bajo la inspiración del Espíritu Santo.

2.3. *Fechas y autores de los libros del NT.*
a. *Fechas.* La composición de los distintos libros del NT se puede situar entre los años 50 y 150 de nuestra era. El primer escrito, cronológicamente hablando, parece ser la primera carta de Pablo a los Tesalonicenses: el último escrito parece ser la segunda carta de Pedro.

b. *Autores.* Aun cuando la mayoría de los libros del NT llevan por autor el nombre de algún apóstol, sin embargo no todos fueron escritos por ellos, sino a veces por algunos discípulos de los apóstoles. Este recurso literario llamado "pseudonimia" (poner bajo el nombre de algún autor ya conocido y consagrado una obra que no le pertenece, para darle más autoridad y prestigio) era muy usual en la antigüedad y no constituía ningún engaño o fraude. En fin de cuentas los escritos del NT reproducen fielmente la doctrina apostólica que se basa en las palabras y obras de Jesús iluminadas e interpretadas mejor bajo la luz del Espíritu Santo y del acontecimiento glorioso de la resurrección y glorificación de Jesús.

2.4. En *síntesis* podemos decir que el NT consta de 27 libros que fueron surgiendo paulatinamente de la predicación oral apostólica y de algunas pequeñas colecciones escritas, basadas en los dichos y hechos de Jesús. El tiempo de su composición oscila entre los años 50 y 150 de nuestra era. Todos los libros son inspirados por Dios, aunque no hayan sido escritos siempre por los apóstoles.

3. IMPORTANCIA DEL NUEVO TESTAMENTO PARA NOSOTROS

3.1. *Acercamiento a Jesús*. El NT y de una forma singular los Evangelios nos acercan profundamente a Jesús para conocer no sólo sus palabras, sino sobre todo sus actitudes, su entrega fiel al Padre, su solidaridad con todos los hombres, especialmente con los pobres y marginados.

3.2. *Jesús nos habla*. En el NT y de una mamanera singular en los Evangelios Jesús nos sigue hablando cada día, sobre todo en nuestras celebraciones litúrgicas, en las que se leen lecturas bíblicas, tomadas principalmente del NT. Los mismos cánticos y oraciones se inspiran en él. Por eso podríamos decir con San Jerónimo: "Desconocer las Escrituras (y sobre todo desconocer el NT) es desconocer a Cristo".

REFLEXIONES

1.—*Dios preparó en el AT la venida de su Hijo Jesucristo para que estableciera el Reino de Dios en la tierra. ¿Cómo estamos colaborando nosotros para la construcción de ese Reino de Dios? Menciona algunos hechos que señalen lo anterior.*

2.—*Jesús se reveló a través de obras y palabras íntimamente ligadas. ¿Las acciones y la vida de nuestras comunidades van de acuerdo al Evangelio de Jesús?*

3.—*¿Qué tanto los criterios que surgen del NT, y sobre todo de los Evangelios, son los que nos ayudan a iluminar y transformar nuestra realidad familiar, social, económica, política y religiosa?*

LECTURA FINAL

1 *Jn.* 1,1-4: *La finalidad de los escritos es anunciar y comunicar la Palabra de la Vida que se ha manifestado entre nosotros.*

ACTIVIDADES EN CASA

Preguntas:

1.—¿Por qué es importante el Nuevo Testamento?

2.—¿Cuántos libros tiene el NT y cómo los podemos dividir?

3.—Explica el proceso de formación de los libros del NT.

4.—¿En qué años y por quiénes fueron compuestos los libros del NT?

5.—¿Por qué el NT sigue teniendo para nosotros un valor?

Lecturas selectas

1.—En Jesús se cumplen las Escrituras del AT: Mt. 8,16-17; 21,1-17; Lc. 24,44; Jn. 1,45; 5,39-47; 2 Cor. 1,20.

2.—Cristo centro y plenitud de la revelación: Lc. 10,21-24; Hech. 10,34-43; Gál. 4,4-7; Col. 1,15-20: Hebr. 1,1-4; 1 Cor. 1,1-9; Ap. 1.

Salmo para orar: 110 (109): "Oráculo del Señor a mi Señor: 'Siéntate a mi derecha...'".

TEMA 2: NOCIONES GENERALES, FORMACION Y CONTENIDO GLOBAL DE LOS CUATRO EVANGELIOS.

LECTURA INICIAL

Lc. 7,18-23: Jesús da testimonio de que El es el enviado.

OBJETIVO DEL TEMA

Tener unas nociones sobre los Evangelios, el proceso de su formación, y la visión general de cada uno de ellos, conociendo los datos más importantes y el mensaje que presentan.

DESARROLLO

1. NOCIONES FUNDAMENTALES SOBRE LOS EVANGELIOS

1.1. *Evangelio.* "Evangelio" significa "buena noticia". Los primeros cristianos así llamaban a la obra y al mensaje salvador de Jesús. A partir del s. II la palabra "evangelio" comenzó a designar los escritos de Mateo, Marcos, Lucas y Juan.

1.2. *Evangelios sinópticos.* Los tres primeros evangelios (Mt., Mc., Lc.) son llamados "evangelios sinópticos", ya que aun cuando cada uno conserva sus características particulares, sin embargo poseen semejanzas tan grandes (en la materia, orden y forma literaria) que permiten una "visión de conjunto" ("sinopsis") de sus elementos comunes dispuestos en columnas.

1.3. *Contenido y finalidad de los Evangelios*: Los Evangelios nos presentan la vida, doctrina, pasión, muerte y resurrección de Jesús que ha sido constituido en Nuestro Señor y Salvador.

De esta forma nos comunican la "buena noticia" de salvación en Cristo, para que el hombre se convierta a Dios y a sus hermanos y viva en comunidad.

1.4. *Valor histórico de los Evangelios.* Los Evangelios están basados en las palabras y obras de Jesús, iluminadas e interpretadas bajo la luz del Espíritu Santo y la experiencia de la resurrección.

Hay que afirmar claramente que los evangelistas no pretendieron una crónica exacta de los acontecimientos, ni hicieron una presentación fotográfica de la vida de Jesús, ni intentaron reproducir materialmente las palabras y obras de Jesús. Ellos conservando la forma de predicación viva en sus escritos, sintetizaron, seleccionaron y adaptaron a sus comunidades las obras y palabras de Jesús, siendo fieles al espíritu de la vida y mensaje del Hijo de Dios.

Los evangelios son testimonio y proclamación de una fe. No tienen un interés estrictamente biográfico, sino que desean transmitir la vivencia que sus autores tienen de Jesús que ha sido ya glorificado y constituído Señor. Evidentemente esa vivencia se basa en los dichos y hechos de Jesús, pero ya iluminados e interpretados a la luz de su resurrección y bajo la guía del Espíritu Santo. Su interés está en hacer la "memoria" de Jesús, ponernos en contacto con él, sobre todo con sus actitudes y criterios fundamentales, para que nosotros que confesamos a Jesús como Mesías e Hijo de Dios, lo sigamos realmente. Bajo el aspecto técnico se dice que los evangelios nos transmiten al Cristo de la fe que se basa y se apoya en el Jesús histórico.

Estas afirmaciones nos ayudan a entender por qué los evangelistas difieren en palabras y hechos del mismo Jesús, por ejemplo las bienaventuranzas son distintas en Mt. 5,1-12 y Lc. 6,20-26; la oración principal del cristiano: el Padre Nuestro también difiere en Mt. 6,9-13 y Lc. 11,2-4; las famosas "siete" palabras de Jesús en la cruz, en realidad tres corresponden a Lc. (23, 34.43.46), otras tres distintas a Jn. (19,26-27. 28.30) y sólo en una concuerdan dos evangelistas: Mc. 15,34 y Mt. 27,46. Y así podríamos ir enumerando muchos ejemplos que nos hacen caer en la cuenta que los evangelistas no pretenden transmitirnos al pie de la letra los acontecimientos y las palabras de Jesús, sino que ellos sintetizaron, seleccionaron y adaptaron a sus comunidades lo dicho y hecho por Jesús.

2. EL EVANGELIO SEGUN SAN MATEO

2.1. *Datos generales.* El Evangelio actual de Mateo fue escrito en griego entre los años 75-85 en Palestina o en Siria de Antioquía. La obra se basa, sin duda alguna, en el evangelio que el apóstol Mateo, recaudador de impuestos (Mt. 9,9-13) escribió originalmente en arameo y que se perdió. El evangelio de Mt. está dirigido a judíos convertidos al cristianismo. Esto lo deducimos fácilmente, por ejemplo, por su alusión constante al cumplimiento de las profecías del AT en Cristo, como cuando afirma: "Esto sucedió para que se cumpliera lo que dijo el Señor por medio del profeta: 'Miren: la virgen concebirá y dará a luz un hijo y le pondrán de nombre Emanuel" (1,22-23; cfr. 2,5-6.15.17-18; 4, 14-16, etc.).

2.2. *Mensaje teológico.*

a. *Jesús Mesías.* Mateo, como acabamos de señalar, tiene la preocupación de hacer ver a sus lectores que Jesús es el Mesías en el que se cumplen las profecías del AT (8,16-17; 12,15-21, etc.).

b. *Reino de los cielos.* Jesús es el Mesías que aparece predicando el Reino de los cielos que ha llegado con su presencia (4,17; 12,28). De hecho la predicación sobre el Reino ocupa la gran parte de los discursos de Jesús (el programa del Reino: 5-7; las parábolas sobre el Reino: 13, etc.).

c. *Judíos y Gentiles.* Jesús es enviado a los de su pueblo, pero desgraciadamente Israel, guiado por sus dirigentes, rechaza desde el principio hasta el fin a su Mesías (2,1-12; 21,33-43; 27,25). Por eso el Reino de Dios se abre a los gentiles (8,11-12; 21,43; 28,19-20). De esta forma surge la Iglesia que es el nuevo Israel (16,18-20) que se funda en la efusión de la sangre de la Nueva Alianza (26,28).

3. EL EVANGELIO SEGUN SAN MARCOS

3.1. *Datos personales.* Juan Marcos no pertenecía al grupo de los "Doce" (Mc. 3,13-19). En repetidas ocasiones viene mencionado en los Hechos de los Apóstoles (12,12.25; 13,5.13; 15, 37-39). Era primo de Bernabé (Col. 4,10). Está junto a Pablo en su primer cautiverio romano (Col. 4,10; Flm. 24), aun antes de morir Pablo reclama todavía sus servicios (2 Tim. 4,

11). Pero sobre todo fue colaborador y discípulo de Pedro (1 Pe. 5,13), y escribió su evangelio en Roma destinándolo a los cristianos provenientes de la gentilidad. La fecha de su composición se suele poner entre los años 50 al 67. Por eso, aunque es el segundo en el orden de la Biblia, sin embargo es el primero cronológicamente hablando.

3.2. Mensaje teológico.

a. *Jesús*. Marcos nos presenta a Jesús como el "Hijo de Dios" (1,1.11; 3,7-12; 9,7; 14,61; 15,39) y a la vez como el Mesías dándole diversos títulos: "Hijo de David" (10,46-52; 12,35-37), "Cristo" (1,1; 8,29; 14,61-62). El mesianismo de Jesús no consiste en algo triunfalista, sino en la entrega de su vida hasta la muerte, tal como lo explica en los tres anuncios de la pasión (8,31-33; 9,30-32; 10,32-34). Este camino de la renuncia y de la entrega es el que debe seguir el discípulo de Jesús (8,34-38).

b. *Ceguera e Incomprensión*. Ante la persona de Jesús y su proclamación mesiánica se da una ceguera e incredulidad de parte de los discípulos y de la muchedumbre (3,5-6; 6,1-6a; 8, 14-21) y sobre todo una incomprensión de su mesianismo sufriente (8,32ss; 9,32-34; 10,35-37).

c. *Secreto mesiánico*. Aunado a los temas anteriores aparece recalcado en Marcos el "secreto mesiánico", es decir, la prohibición que Cristo impone de divulgar su mesianismo (1,34. 44; 3,12; 5,43; 8,30; 9,9). Jesús, a través de esta prohibición, quiere impedir una interpretación errónea, y sobe todo nos quiere hacer ver que el carácter específico de su mesianismo se revelará plenamente sólo en la cruz (15,39).

4. EL EVANGELIO SEGUN SAN LUCAS

4.1. Datos generales.
Lucas, médico gentil (Col. 4,14), compañero de viajes de Pablo (Hech. 16,10-17; 20,5-21,18; 27,1-28,16) y colaborador de él (Col. 4,14; Flm. 24; 2 Tim. 4,11) es el autor del tercer evangelio y de los Hechos de los Apóstoles. No fue del grupo de los Doce (Lc. 6,12-16). Escribió su evangelio en Acaya (Grecia) o en Roma, entre los años 75-90. Lucas dedica su obra a Teófilo, personaje histórico o simbólico, que personifica a todos los cristianos provenientes de la gentilidad (Lc. 1,1ss; Hech. 1,1ss.).

4.2. Mensaje teológico.

a. *Jesús Profeta, Salvador y Señor*. La persona de Jesús en el evangelio de Lucas viene presentada sobre todo bajo tres facetas importantes. En primer lugar se destaca que es el evangelizador de los pobres (4,16-24) y el profeta (4,24; 7,16-39; 9,19). En segundo lugar se nos hace ver que Jesús es el Salvador de todos los hombres (1,31.69.71; 2,11.32). Jesús no sólo cura, sino que perdona los pecados y ofrece la salvación (7,48-50; 19,10; 23,43), liberando del demonio (8,36) y prometiendo la salvación escatológica (9,24; 13,23; 18,26). En tercer lugar Lucas nos presenta a Jesús como el "Señor", título de gloria dado aun antes de la resurrección (7,13.19; 10,1.39.41; 11,39; 12,42).

b. *Universalismo de la salvación*. Desde el anuncio de los ángeles a los pastores, la paz se ofrece no sólo a los judíos, sino a todos los hombres a quienes ama el Señor (2,14). Simeón proclama a Jesús como "luz para alumbrar a las naciones" (2,32). El Bautista anuncia que todos ("toda carne" = "todo hombre") verán la salvación (3,6). Todas las gentes, oriundas de diversas partes, pueden entrar al Reino (13,29). Dentro de este universalismo de salvación, la ciudad de Jerusalén juega un papel muy importante, pues allí se realiza el misterio pascual de Jesús, y desde allí se difundirá el evangelio (24,49 y Hech. 1,4ss; 2, etc.). Debido a este papel central de Jerusalén, Lucas en su evangelio subraya mucho la decisión libre de Jesús de encaminarse a Jerusalén (9,51.53.57; 10,1; 13, 22,33; 17,11).

c. *Otros temas.*

—*Pobreza*. Lucas es el evangelista de la pobreza. Jesús tiene preferencia por los pobres (2, 8; 4,18; 6,20). El mismo es pobre (2,7.23-24; 9, 58), por eso el verdadero seguidor de Jesús tiene que renunciar a los bienes (12,33; 14,33; 18,28-30) para realizar el proyecto de compartir (12, 33; 19,8). Las riquezas nos impiden lanzar nuestra mirada a la vida eterna (12,16-21), nos estorban para ver el prójimo necesitado (16,19-31) y se convierten en fuente de injusticias (16,9; 19,8). En pocas palabras ocupan el lugar que le corresponde única y exclusivamente a Dios (16,13). De allí que difícilmente entrará un rico al Reino de Dios (18,18-27), y hasta es maldita su situación (6,24).

—*Oración*. Lucas enfatiza mucho todo lo referente a la oración. Así vemos a Jesús orando en momentos importantes de su vida (3,21; 5,16; 6,12; 9,18.29; 11,1). Escuchamos también las oraciones de distintas personas: María (1,46-55), Zacarías (1,68-79), Simeón (2,29-32), los ángeles (2,13-14). Uno de sus discípulos le pide que los enseñe a orar (11,1).

—*Misericordia de Dios.* Lucas también, de una forma singular, destaca la misericordia de Dios (15) manifestada en su Hijo que perdona y se compadece (7,36-50; 22,61) en la misma cruz (23,34.42-43).

—*Espíritu Santo.* También nos presenta la función y acción del Espíritu Santo que llena de sus dones a Juan Bautista (1,15.80), a Isabel (1,41), a Zacarías (1,67), a Simeón (2,25-27), a María (1,35), y sobre todo a Jesús (4,1.14.18; 10, 21; 3,22). El mismo promete el Espíritu a sus apóstoles (24,49) y a todos los que hagan oración (11,13).

5. EL EVANGELIO SEGUN SAN JUAN

5.1. *Datos generales.* El Apóstol Juan hijo de Zebedeo y hermano de Santiago el Mayor (Mt. 4,21), uno de los tres discípulos privilegiados (Mt. 17,1; Mc. 1,29; 5,37), y quizá el discípulo amado (Jn. 13,23; 19,26; 20,2; 21,7.20) está en la base y raíz de este evangelio, que seguramente fue completado y retocado por discípulos suyos. Parece que la obra final fue redactada en Efeso entre los años 90-100. Los destinatarios son cristianos no judíos, que se enfrentaban quizá a algunas herejías. Este Evangelio difiere en muchos aspectos de los sinópticos (por ejemplo, en el estilo, en la cronología, en los milagros que nos presenta, en los discursos que nos ofrece, etc.).

5.2. *Mensaje teológico.*

a. *Jesús y su revelación.* Juan nos presenta de una forma singular la persona, el origen, la misión y el destino de Jesús. Es el enviado y testigo de Dios. Es la Palabra hecha carne (1, 1-18), el enviado por el Padre al mundo (8,29; 10,36; 20,21), viene de Dios (6,46; 7,29; 8,42; 17, 25); ha bajado del cielo (3,13; 6,38.42). Por eso sus palabras son las del Padre (3,34) y su doctrina no es suya, sino de aquel que lo ha enviado (7,16; 12,49). Sus obras dan testimonio de esto (5,36; 9,4), de tal forma que quien ve

a Jesús ve al Padre (14,9). El sentido profundo de todo esto sólo lo esclarece el Espíritu enviado por el Padre (14,26), para dar testimonio de Jesús (15,26) e introducirnos en toda la verdad (16,13).

b. *La fe.* Ante esta revelación de Dios en Jesús se espera una respuesta de fe en el hombre (10,38; 11,15.42; 17,21). Esta es la intención del mismo evangelista al escribir su obra (20, 31). La fe es la adhesión completa y total del hombre a la persona de Jesús. La fe se verifica o se hace verdadera en el amor mutuo (13,34-35; 15,12.17), en la unidad (17,11.21), en el cumplimiento de los mandamientos (14,15.21), en la capacidad de servirnos (13,14-15).

c. *La vida eterna.* De esta forma empezamos ya la vida eterna (5,24; 10,10). Si no creemos ya estamos condenados (3,18). La vida nueva produce frutos (15,1-6) manifestados sobre todo en el amor fraterno (13,34-35).

d. *Carácter simbólico.* San Juan subraya mucho el aspecto simbólico de la revelación de Jesús, por ejemplo, al multiplicar los panes Jesús se nos presenta como el Pan de vida, haciendo alusión a la Eucaristía (6); al resucitar a Lázaro se nos manifiesta como la resurrección y la vida (11), al curar al ciego de nacimiento (9) se nos aclara más su afirmación de que El es la luz del mundo (8,12), etc.

REFLEXIONES

1.—*El Evangelio es la "Buena Noticia" que nos trajo Jesús. ¿En qué medida en nuestra existencia cristiana esta Buena noticia ha cobrado vida o se ha quedado en algo meramente teórico o cultural?*

2.—*¿Qué actitudes nos pide hoy Jesús para que el mundo crea en su mensaje de salvación?*

3.—*Los evangelistas encarnaron y adaptaron el Evangelio en su propia comunidad, sin traicionarlo. ¿En nuestras comunidades qué tanto se "aterriza" el Evangelio a nuestra situación, sin traicionarlo?*

4.—*¿Qué implicaciones tiene para nuestra fe el saber que en los 4 evangelios no encontramos* una crónica exacta de las palabras y obras de Jesús, sino más bien el testimonio y proclamación de la fe en Cristo Jesús por parte de los primeros cristianos?

LECTURA FINAL

Jn. 6,64-69: La confesión de Pedro: "¿Señor, a quién iremos, si tú tienes palabras de vida eterna?".

ACTIVIDADES EN CASA

Preguntas:

1.—¿Qué significan las palabras: "evangelio", "evangelios sinópticos"?

2.—¿Cuál es el contenido y la finalidad de los evangelios?

3.—¿Qué podemos decir sobre el valor histórico de los Evangelios?

4.—De cada evangelio describe brevemente: autor, destinatarios, fecha y lugar de composición, y tres ideas teológicas fundamentales.

Lecturas selectas

1.—Jesús, Hijo del Padre, Revelador y testigo: Mc. 1,9-11; 9,2-8; Jn. 5,19-38; 7,25-30; 8, 42-47.

2.—Jesús Salvador: Lc. 1,67-75; 2,10-11.29-32; 5,29-32; 6,6-11; 13,10-17; 15,1-32; Jn. 4,39-42.

3.—De Jesús se predica y se escribe: Lc. 1, 1-4; Jn. 20,30-31; 21,24-25; Hech. 1,1-2; 4,8-12; 1 Cor. 1,17-25.

Salmo para orar: 85 (84): "La salvación está ya cerca de sus fieles y la gloria habitará en nuestra tierra".

TEMA 3: JESUS ANUNCIA Y REALIZA EL REINO DE DIOS EN LA TIERRA.

LECTURA INICIAL

Mt. 4,12-17: Jesús inicia su predicación anunciando la presencia del Reino de Dios. Ante este hecho se exige la conversión como respuesta.

OBJETIVO DEL TEMA

Darnos cuenta que en el centro de la predicación y actuación de Jesús está la proclamación y la presencia del Reino de Dios. Reino de verdad, de justicia y de amor que todos debemos construir ya desde este mundo viviendo los valores del Evangelio.

DESARROLLO

1. EL REY Y DIOS EN EL ANTIGUO TESTAMENTO

   1.1. *Función del Rey.* En Israel el rey, a diferencia de otros pueblos, no es divinizado. To-

dos son conscientes que el verdadero rey de Israel es Yahvéh (cfr. 1 Sam. 12,12; 8,7; Salmos 95-99). El rey no es un ser divino, sino que está, como todo el pueblo, sujeto a la ley y a la alianza, conforme a ella debe regular su vida y su actuación (cfr. Dt. 17,18-20). Cuando se aparta de esta fidelidad el profeta interviene para acusarlo y denunciarlo (2 Sam. 12,1-15; Is. 7; Jer. 22,10-30).

La función del rey es doble (cfr. Sal. 72).

—Hacia el exterior: debe asegurar la paz con los demás pueblos.

—Hacia el interior: debe implantar la justicia y el derecho para defender a los oprimidos y desvalidos.

Desgraciadamente la monarquía en Israel y Judá, con algunas honrosas excepciones, fue un fracaso en esta doble tarea (cfr. Ez. 34; 1 Sam. 8,10-18).

   1.2. *Reinado de Dios y de su Ungido.* Ante este fracaso se da la promesa del reinado universal de Dios sobre todas las naciones (Zac. 14,9; Is. 24,23). Para llevar a cabo este reinado Dios se valdrá de su Ungido o Cristo, que es el futuro Rey del linaje de David (Jer. 23,5-6; Is. 11) o el futuro Pastor (Ez. 34,23ss) que implantará la justicia y el derecho defendiendo al oprimido (Sal. 72,4.12-15; Is. 9; 11; 29,20; 61, 1ss).

2. LA MISION DE JESUS ES PROCLAMAR Y REALIZAR EL REINO DE DIOS

2.1. *Jesús anuncia e inaugura el Reino de Dios.* En ese contexto del AT podemos descubrir lo que significa la proclamación e inauguración del Reino de Dios por Jesús.

a. *Juan Bautista* anuncia la llegada inminente del Reinado de Dios, y las exigencias que comporta de conversión, de cambio de vida y actitudes (Mt. 3,1-12). Aun cuando su concepción sobre el modo del Reinado de Dios no fue exacta ni conforme a lo que después realizó Jesús (cfr. Mt. 3,10.12; 11,2-10), sin embargo podemos afirmar que con el Bautista termina el período de preparación para el tiempo del Reino de Dios (Lc. 16,16).

b. *Jesús* tiene como tema central de su predicación el Reinado de Dios (Mt. 4,17.23; Mc. 1,15; Lc. 8,1). Reconoce que para eso El ha sido enviado (Lc. 4,43). En torno al Reino giran sus enseñanzas y parábolas (cfr. Mt. 13).

c. *Los Apóstoles* son enviados por Jesús a predicar el Reino de Dios (Mt. 10,7; Lc. 10,9-11; cfr. Hech. 8,12; 19,8; 20,25; 28,23.30-31) y acompañan a Jesús en ese ministerio.

2.2. *Jesús realiza el Reino de Dios.* Pero Jesús no sólo anuncia, sino que también realiza el reinado de Dios. Su presencia y manifestación, sus obras y palabras, sus signos y milagros, y sobre todo su muerte y glorificación hacen presente el Reino de Dios. Los evangelistas explicitan cómo los exorcismos o expulsiones del demonio (Lc. 11,20), las curaciones (Mt. 4,23-25), y sobre todo la proclamación de la Buena Noticia a los pobres (Mt. 11,2-6; Lc. 7,18-23), son las señales de la presencia del Reino de Dios. Con Jesús empieza el Reino (Lc. 16,16).

3. CARACTERISTICAS DEL REINO DE DIOS

3.1. *Reino como victoria sobre el mal.* El Reino de Dios que se ha hecho presente en Jesús (Mt. 4,17; Lc. 16,16) significa la victoria so-

bre Satanás (Lc. 11,20; Jn. 12,31; 16,11) y sobre el mal en sus distintas manifestaciones: odio, violencia, injusticia, opresión, etc. Es el acontecimiento de salvación y de gracia (cfr. Mc. 2, 16-17; Lc. 7,34), de liberación a los oprimidos por los males físicos o morales (Lc. 4,16-21; 13, 10-17), de hermandad y solidaridad (Lc. 6,27-35; Mt. 5,43-48; 25,31-46). En este contexto y desde esta perspectiva se deben entender las bienaventuranzas en la predicación original de Jesús. La situación de los oprimidos (pobres, hambrientos, los que lloran) es bienaventurada, no necesariamente porque ellos sean buenos, sino porque el Rey, cuya función es implantar la justicia y el derecho defendiendo a los oprimidos, ya ha llegado (Lc. 6,20-26; cfr. 1,51-53; Mt. 5, 1-12).

3.2. *Reino de Dios valor absoluto.* El Reino de Dios inaugurado por Jesús es el valor absoluto de nuestra vida. Es el tesoro escondido por el que hay que dejar todas las demás cosas, es la perla que se adquiere vendiendo todo lo que se poseía anteriormente (Mt. 13,44-46). Por eso Jesús declara solemnemente: "Por lo tanto, busquen primero el Reino y todo lo bueno que éste supone, y todas esas cosas las recibirán como añadidas" (Mt. 6,33). Por ser el valor absoluto exige la conversión (Mt. 4,17).

3.3. *Reino de Dios en el mundo.* Los valores que se desprenden del Reino, como son: justicia, verdad, amor, paz, etc., hay que vivirlos y construirlos desde este mundo. Por eso el Reino de Dios no consiste en pura interioridad o espiritualización, sino que abarca todas las esferas de la vida personal y comunitaria (cf. Lc. 19,8-10). De allí que exija un nuevo estilo de vida: poner en práctica la Palabra de Dios (Mt. 7,21-27; 13,18-23); vivir las bienaventuranzas (Mt. 5,1-12; Lc. 6,20-26); ser luz del mundo y sal de la tierra (Mt. 5,13-16); desprenderse de las riquezas (Lc. 18,21-27), etc. En una palabra: seguir el camino de Jesús (Mt. 16,24-28).

Si Jesús declara ante Pilato que su reino no es de este mundo (Jn. 18,36), está poniendo en claro que su reino no se mueve por los valores y criterios del "mundo" (como realidad opuesta a Dios), como son los bienes materiales, el prestigio o el poder que se absolutizan, cosas a las que Jesús renunció desde el inicio de su ministerio (Mt. 4,1-11). El Reino de Dios, es cierto, no sigue los caminos del "mundo" (la realidad contraria a Dios y a su plan), pero está en el mundo (la realidad creada y querida por Dios). Conviene también aclarar que la expresión "Reino de los cielos" equivale simplemente a "Reino de Dios". Los judíos, por respeto a Dios, procuraban evitar el pronunciar su nombre y utilizaban otros giros para indicar la realidad de Dios, por ejemplo, "Padre pequé contra el cielo (es decir, contra Dios) y contra ti" (Lc. 15,21).

3.4. *Reino de Dios de comienzos humildes.* Contrariamente a las expectativas de los judíos, el Reino de Dios es de comienzos humildes, como la semilla (Mt. 13,4-9), o el grano de mostaza (Mt. 13,31-32) o la levadura (Mt. 13,33). Es una realidad que ya ha comenzado (Mt. 12,28; Lc. 17,20-21) y que se desarrolla lentamente en la tierra (Mc. 4,26-29) por medio de la Iglesia (Mt. 16,18), que constituye el germen y principio del Reino.

3.5. *Reino de Dios universal.* Todos los hombres estamos llamados a construir el Reino de Dios y a ingresar en él. Todos tienen cabida en él, no sólo los judíos a quienes estaba destinado primariamente, sino también los gentiles (Mt. 8,11-12; 21,43; 22,1-10). Aun cuando todos somos invitados a pertenecer al Reino, sin embargo esta universalidad atraviesa por la predilección y el amor preferencial de Jesús por los pobres, los marginados, los pecadores (Lc. 4,16-22; 6,20-23; 7,22-23; 15,1-2; Mt. 9,10-13).

3.6. *Reino en tensión.*

a. *Jesús vivió la tensión.* Jesús mismo, en su vida y actuación, es objeto de tensión. El anuncio de que sería señal de contradicción (Lc. 2,34) se realizó en la vida de Jesús. Si expulsa los demonios, se le acusa que lo está haciendo en nombre del mismo Beelzebul, príncipe de los demonios (Mt. 12,22-28). Si convive con los pecadores, se le acusa de "comilón y borracho, amigo de publicanos y pecadores" (Lc. 7,31-35). Si realiza el bien, se le persigue y se le intenta dar muerte (Jn. 10,31-33). Se le acusa también de estar endemoniado (Jn. 10,19-21), de estar fuera de sí (Mc. 3,21), de ser un sedicioso y revoltoso (Lc. 23,2), etc.

b. *Jesús anunció la tensión.* Jesús anuncia que él ha venido a traer la tensión. No ha venido a traer la paz, sino la división (Lc. 12,51-53; Mt. 10,34-36). La paz que él ofrece no es la que da el mundo (Jn. 14,27), una paz ficticia, de componendas y arreglos. La paz de Jesús exige renuncias. verdad, desenmascaramientos, etc. El verdadero discípulo de Jesús va a experimentar en su propia vida la tensión de Jesús (cfr. Mt. 10,16-23; Lc. 21,12-19; Jn. 15,20-21; 17, 14).

3.7. *Reino escatológico.* El Reino de Dios está ya presente en el mundo, pero su plenitud se dará al final de los tiempos (Lc. 22,16-18) cuando los justos (Mt. 25,31-46) participen del banquete celestial (Mt. 8,11; 13,43; 26,29). Nosotros en este momento somos conscientes que la cizaña atraviesa nuestro mundo, nuestra propia persona y sociedad (cfr. Mt. 13,24-30.47-50), de tal forma que ninguna realización histórica agota el Reino. Por eso vivimos la etapa intermedia que consiste en que con nuestras palabras y obras colaboremos a la edificación del Reino iniciado por Jesús, dando así testimonio de El (Jn. 15,27; Hech. 1,8; 8,12; 19,8; 20,25; 28,23.30-31). En nuestra oración imploramos: "venga tu Reino" (Mt. 6,10; Lc. 11,2) y "Ven Señor Jesús" (Ap. 22,20; cfr. 1 Cor. 16,22).

4. EXIGENCIAS DEL REINO

4.1. *La Conversión.* El Reino de Dios por ser el valor esencial (Mt. 13,44ss) hay que adquirirlo a toda costa. Exige una respuesta libre y radical de nosotros: la conversión (Mt. 4,17; cfr. 22,11-14). La conversión es la respuesta esencial al mensaje de Jesús sobre el Reino. No es un simple sentimiento interior, sino que es algo que se manifiesta en la opción radical que le damos a nuestra existencia, en las actitudes que tomamos hacia Dios y hacia nuestros hermanos (como el caso de Zaqueo Lc. 19,1-10; el de la mujer adúltera Jn. 8,1-11, etc.). Esta conversión es un nuevo nacimiento (Jn. 3,3).

La verdadera conversión exige renunciar a nuestras seguridades: poder, sabiduría (cfr. Jn. 7,47-52), riquezas (Lc. 16,13), para ponernos como niños en una actitud de confianza, de sencillez y de radical apertura al Señor y a su Reino (Mt. 18,1-4; 19,14; 11,25-27; 5,3-4). De esta manera estamos dispuestos a aceptar la soberanía de Dios sobre nuestra vida y nuestra sociedad.

4.2. *Actitudes concretas.* De la respuesta radical, la conversión, se desprenden muchas actitudes concretas. Aquí enumeramos algunas de ellas.

—Vivir las bienaventuranzas (Mt. 5,1-12; Lc. 6,20-26).

—Tener una actitud de niño (Mt. 18,1-4; 19, 14).

—Estar en una constante búsqueda activa del Reino de Dios y de su justicia (Mt. 6,33).

—Tener una perfección mayor que la de los fariseos (Mt. 5,20).

—Dejarlo todo (Lc. 18,29; Mc. 10,29).

—Soportar las persecuciones (Mt. 5,10; Hech. 14,22).

—Cumplir la voluntad del Padre (Mt. 7,21), especialmente en materia de caridad y solidaridad para con los marginados (Mt. 25,31-46).

—Poner en práctica la Palabra de Dios (Mt. 7,21-27; 13,18-23).

5. SENTIDO GLOBAL DEL REINO DE DIOS

Los cristianos pedimos constantemente a nuestro Padre Dios: "Venga tu Reino" (Mt. 6, 10; Lc. 11,2). Y sabemos que el Reino de Dios se va realizando en la tierra, cuando cualquier hombre o comunidad, independientemente de su credo religioso, lucha por la Verdad, la Paz, la Justicia, la Solidaridad y el Amor. Cuando descubrimos la vivencia de estos valores, sabemos que allí está presente el Reino de Dios que llegará a su plenitud al final de los tiempos, cuando Cristo vuelva de nuevo y entregue el Reino a su Padre Dios (1 Cor. 15,24) y nos haya juzgado de acuerdo a nuestra solidaridad con los marginados de la sociedad (Mt. 25,31-46).

REFLEXIONES

1.—¿En nuestra vivencia familiar, social, económica, política y religiosa dónde descubrimos la presencia del Reino, y dónde notamos su ausencia? ¿Por qué?

2.—¿Nuestra Iglesia está al servicio del Reino? ¿Cómo estamos colaborando a la construcción del Reino de Dios?

3.—¿En qué medida los cristianos, o los católicos, somos capaces de colaborar con otras personas de distintos credos religiosos, que de hecho están luchando por los valores del Reino?

4.—¿Cómo podemos construir el Reino de Dios en los ambientes donde nos movemos ordinariamente?

LECTURA FINAL

Lc. 6,20-26: Las Bienaventuranzas como el programa de vida de aquéllos que quieren pertenecer al Reino de Dios inaugurado por Jesús. Su contrapartida: las malaventuranzas.

ACTIVIDADES EN CASA

Preguntas:

1.—¿Qué significa la promesa del reinado de Dios en el AT?

2.—¿En el NT quiénes anuncian la presencia del Reino de Dios?

3.—¿Cómo realiza Jesús la presencia del reinado de Dios?

4.—Enumera y explica las distintas características del Reino de Dios.

5.—¿Cuál es la exigencia fundamental que comporta el Reino de Dios?

6.—¿Cuándo podemos decir que el Reino de los cielos se está construyendo entre nosotros?

Lecturas selectas

—Juan Bautista anuncia el Reino: Mt. 3, 1-12; Lc. 16,16; (Mc. 6,17-29).

2.—Jesús predica y realiza el Reino: Mt. 4,23-25; 9,35-38; 12,22-28; 15,29-31; Lc. 4,42-44; Hech. 1,3.

3.—Características y exigencias del Reino: Mt. 5,1-12; 13,1-52; 22,1-14; 25; Mc. 9,33-37; Lc. 13,1-5; 17,20-21; 18,15-17; 19,1-10.

4.—La Iglesia continúa la predicación del Reino de Dios: Hech. 8,12; 19,8; 20,25; 28, 23.30-31.

Salmo para orar: 72 (71): "Que él defienda a los humildes del pueblo, socorra a los hijos del pobre y quebrante al explotador...".

TEMA 4: ACTITUDES FUNDAMENTALES DE JESUS.

LECTURA INICIAL

Jn. 8,1-11; *Jesús muestra su misericordia perdonando a una mujer adúltera, y a la vez desenmascara a quienes la pretenden juzgar farisaicamente.*

OBJETIVO DEL TEMA

Darnos cuenta que Jesús se revela también a través de sus actitudes. Descubrir algunas de ellas, hacerlas nuestras, de tal forma que se reflejen en nuestra existencia.

DESARROLLO

Es necesario subrayar desde el principio la imposibilidad que tenemos de agotar todas las facetas de la persona de Jesús. Conscientes de *esta limitación, queremos, sin embargo, presentar algunas de las actitudes fundamentales de Jesús.*

1. JESUS ANTE SU PADRE DIOS

1.1. *Concepción judía.* Para entender la revelación de Jesús es necesario recordar algunos puntos de la concepción judía sobre Dios. A Dios se le reconoce como el Señor de la historia y de la creación (cfr. Is. 43,1; 44,2), de El no se deben hacer imágenes (Ex. 20,4-5). Para expresar la elección y la alianza que Dios hace con su pueblo se recurrió a la relación esposo-esposa (Os. 1-3) o a la relación padre-hijo (Os. 11; Ex. 4,22; Dt. 32,6; 2 Sam. 7,14) o a la misma relación madre-niño (Is. 49, 15). Sin embargo la denominación "Abbá" ("papá"), utilizada por Jesús (Mc. 14,36 cfr. Rom. 8,15; Gál. 4,6), no es empleada ni por el AT ni por el judaísmo posterior. Es más, en el judaísmo se evita pronunciar el nombre propio de Dios y se utilizan sinónimos, como por ejemplo, "Señor", "cielo", etc. (cfr. Lc. 15,21; Mt. 4,17).

1.2. *Revelación de Jesús.* Jesús nos viene a mostrar que Dios es nuestro Padre (Mt. 6,9; Lc. 11,2) a quien nosotros podemos acudir con gran confianza (Mt. 7,7-11; Lc. 11,9-13). Con esto revela plenamente la misericordia y ternura de Dios hacia todos y saca del exclusivismo judío en que se tenía a Dios.

Jesús habla de "mi Padre" (Mt. 7,21; 10,32; 11,27; Mc. 14,36; Lc. 2,49; Jn. 6,32.40; 14,23; 15,1, etc.). El Padre nos lo presenta como "mi Hijo" (Mc. 1,11; 9,7). Jesús habla también de "vuestro Padre" (Mt. 5,16; 6,14-15; Mc. 11,25; Jn. 20,17). Por eso nosotros somos hijos de Dios (Jn. 1,12; Rom. 8,15-30; Gál. 4,6; 1 Jn. 3,1) que recibimos el Espíritu que nos hace clamar: Abbá, papá (Rom. 8,15; Gál. 4,6).

1.3. *Relación entre Jesús y su Padre.*

a. Jesús reconoce que El y su Padre forman una *unidad* (Jn. 10,30; 17,21), de tal manera que quien conoce a Jesús conoce al Padre (8,19). Su Padre está con él (16,32), y él es el Hijo que nos puede revelar los secretos del Padre (1,18; 6,46; 7,29; cfr. Mt. 11,25-27).

b. Jesús es plenamente consciente de que su Padre lo ha *enviado* (Jn. 5,36; 6,38-39.44). Por eso su alimento es cumplir su voluntad (4,34; 6,38-40), de manera que al final de su vida puede decir en la última cena: "Yo te he glorificado en la tierra, llevando a cabo la obra que me encomendaste realizar" (17,4), y ya en la cruz exclamará: "Todo está consumado" (19,30).

c. Toda la vida de Jesús se realiza en un clima de *oración*: su vida pública comienza con una oración en el bautismo (Lc. 3,21); en repetidas ocasiones se retira a orar (5,16; 6,12; 9,18, etc.), o se dirige públicamente a su Padre Dios (10,21-22; Jn. 11,41-42; 17). También la vida de Jesús termina con una oración, expresada diversamente como oración de angustia (Mt. 27, 46; Mc. 15,34) o de esperanza (Lc. 23,46), pero en definitiva como relación explícita al Padre. En la oración del huerto resuena el "Abbá" (papá), la palabra con que Jesús se dirigía a Dios con inusitada confianza (Mc. 14,36).

2. JESUS ANTE LA LEY

2.1. *Concepción judía.* Es de todos conocido el valor tan grande que tenía la ley para los judíos. Constituía prácticamente el centro de atención del pueblo; en torno a ella giraba toda la vida de los judíos. Tanta importancia le dieron que llegaron a exagerar su contenido haciendo de ella un duro capataz que regulaba hasta los más pequeños actos de la vida (cfr. Mc. 7,1-23; Mt. 23,16-25; etc.).

2.2. *Reacción de Jesús.* Ante esta realidad Jesús se opone totalmente: quebranta el ayuno (Mc. 2,18), descuida las purificaciones legales (Mc. 7,21-23), viola el sábado (Mc. 2,23-28), en repetidas ocasiones hace curaciones en sábado (Mc. 3,1-6; Lc. 13,10-17; 14,1-6; Jn. 5,1-18; 7,21-24; 9,14). Haciendo esto coloca al hombre, en su relación de caridad y solidaridad, como punto de referencia: "El sábado ha sido instituido para el hombre, y no el hombre para el sábado" (Mc. 2,27).

2.3. *Superación de la ley.* Jesús, pues, libera al hombre de la ley, y le hace ver que ésta sólo tiene su sentido en el auténtico amor a Dios y al prójimo (Mc. 12,29-31). Por eso Jesús, como el nuevo Moisés, supera y lleva a plenitud la ley (Mt. 5,17-48), mostrándonos así una meta superior: ser perfectos como el Padre (Mt. 5, 48). Ya no se trata de la ley por la ley; se trata ahora de lograr la perfección a través del amor (Mt. 7,12). Esta meta se alcanzará en la medida en que el hombre se adhiera no a la ley, sino a Jesús nuevo centro de gravedad.

3. JESUS ANTE EL TEMPLO

3.1. *Concepción judía.* El templo constituía para el judío el lugar de encuentro con Dios (1 Re. 8). Era el centro religioso-cultual del pueblo. Además, debido a las peregrinaciones a Jerusalén que todos los judíos tenían que realizar año tras año (cfr. Ex. 23,17; Dt. 12,2-12; 14,23; 16,5-6.11), significaba una fuerte suma de ingresos económicos para los sacerdotes.

3.2. *Jesús anuncia la destrucción.* Jesús no sólo expulsa a los mercaderes del templo, la casa de su Padre (Jn. 2,13-17), sino que también anuncia la destrucción del templo (Mt. 24,2) y su reedificación en tres días (Mt. 26,61; Jn. 2, 19-22), declarándose él superior al Templo (Mt. 12,6).

3.3. Nuevo templo y nuevo culto.

Con estas actitudes nos muestra Jesús que su persona, una vez que ha resucitado de entre los muertos, es el lugar de encuentro entre el hombre y Dios. Sustituyendo el culto material que se realizaba en el templo por un culto en Espíritu y Verdad (Jn. 4,23-24), nos hace ver que el único culto agradable a Dios, es el culto de la vida diaria, del amor y de la justicia (Mt. 12,7), de la reconciliación fraterna (Mt. 5,23-24).

4. JESUS ANTE LOS PODEROSOS

Jesús sabiendo que su misión salvífica no la llevaría a cabo únicamente anunciando con palabras tranquilas la Buena Nueva del Reino, se nos manifiesta también en una actitud valiente y a la vez libre, denunciando el mal que descubre en la sociedad de su tiempo.

4.1. Jesús ante el poder económico.

Ante el poder económico representado por los ricos, Jesús declara la malaventuranza de su situación (Lc. 6,24), haciendo ver que el dinero, como valor absoluto, se opone a Dios (Lc. 16,13; Mt. 6, 24). Por eso afirma solemnemente: "Qué difícil es que los que tienen riquezas entren en el Reino de Dios" (Lc. 18,24), ya que las riquezas nos impiden lanzar nuestra mirada a la vida eterna (Lc. 12,16-21), nos estorban para ver al prójimo necesitado (Lc. 16,19-31) y se convierten en fuente de injusticias (Lc. 16,9; 19,8). De allí que también exija a sus discípulos la renuncia a sus bienes (Lc. 12,33; 14,33), para poder realizar el proyecto de compartir (Lc. 12,33; 19,8).

4.2. Jesús ante el poder político.

Ante el poder político Jesús se muestra totalmente libre y crítico. Por eso llama a Herodes "zorro" (Lc. 13,32), y advierte a sus discípulos de su levadura (Mc. 8,15), y ya en el proceso de su muerte calla ante la curiosidad morbosa de Herodes (Lc. 23,9). Jesús también "desacraliza" el poder y el estado, haciendo ver que lo que el estado propone no es necesariamente avalado por Dios (Mt. 22,15-22). Ante Pilato se muestra indiferente, libre y crítico de su situación (Jn. 19,8-11).

4.3. Jesús ante el poder ideológico-religioso.

Ante el poder ideológico-religioso representado por los escribas, fariseos, saduceos y sumos sacerdotes, Jesús se muestra valiente para denunciar su legalismo, hipocresía, ambición y opresión que ejercen sobre el pueblo (Mt. 23,1-36; Lc. 11,37-54).

5. JESUS ANTE LOS MARGINADOS

5.1. Jesús marginado.

Jesús nace (Lc. 2,1-7), vive (Lc. 9,58) y muere (Mt. 27,39-50; cfr. Gál. 3,13; Rom. 8,3; 2 Cor. 5,21; Col. 2,14) como marginado. Durante su vida lo tildan de comilón y borracho, amigo de publicanos y pecadores (Mt. 11,19), perturbado mental (Mc. 3;21), sedicioso (Lc. 23,2; Mt. 27,63), contado entre los delincuentes (Lc. 22,37).

5.2. Opción por los marginados.

Jesús hace de su opción por los marginados su línea fundamental: son ellos los destinatarios de su misión (Lc. 4,17-19). Su predicación a los pobres es señal de que El es el Mesías (Mt. 11,4-6). Por eso ellos son los bienaventurados (Lc. 6,20-23) ya que viene el Rey que implantará la justicia y transformará la realidad de opresión y marginación en que viven (cfr. Lc. 1,52-53; 4, 16-22). Convive con todos ellos: prostitutas, samaritanos, leprosos, pobres, niños, viudas, ignorantes, enfermos, etc. En sus parábolas de misericordia (Lc. 15) resalta su interés y su bondad hacia el pecador, lo mismo en las actitudes concretas que tuvo hacia ellos (Lc. 7,36-50; Jn. 8,1-11). Su identificación con los marginados es tan plena, que en base a nuestra solidaridad con ellos seremos juzgados (Mt. 25,31-46).

REFLEXIONES

1.—¿En nuestra relación con Dios crees que nos comportamos como verdaderos hijos suyos, de tal forma que nuestra confianza y seguridad estén puestas en El?

2.—¿En nuestras comunidades e instituciones las leyes están al servicio de los hombres, especialmente de las personas más desamparadas?

3.—¿El culto que realizamos en nuestros templos tiene realmente una proyección a la vida (amor-servicio-justicia-reconciliación fraterna) o se reduce sólo a las celebraciones rituales vacías de compromiso?

4.—¿Los Pastores, Obispos y Sacerdotes qué tan libres son ante los poderosos como para anunciar los verdaderos y auténticos valores, y denunciar todo aquello que se oponga al plan divino?

5.—¿Qué implica para nosotros el hacer una opción preferencial por los pobres, como lo hizo Jesús? ¿Qué actitudes concretas debe engendrar en nuestra vida?

LECTURA FINAL

Mt. 25,31-46: Jesús se identifica con los marginados, y en base a nuestra solidaridad o indiferencia ante ellos, seremos juzgados.

ACTIVIDADES EN CASA

Preguntas:

1.—¿Qué tipo de relación tiene Jesús con Dios?

2.—¿Qué novedad nos presenta Jesús en relación a la ley?

3.—¿Por qué habla Jesús de destrucción del templo?

4.—¿Cuál es la relación de Jesús con los poderosos?

5.—¿Por qué Jesús es un marginado y cómo se relaciona con ellos?

Lecturas selectas

1.—Jesús ante su Padre: Mt. 6,5-15; 11,25-27; Mc. 14,36; Jn. 5,18; 10,22-39; 14; 17.

2.—Jesús ante la ley y las tradiciones: Mt. 5,17-48; Mc. 2,18-3,6; 7,1-23; Lc. 14,1-6; Jn. 5, 1-18; 7,14-24.

3.—Jesús ante el templo y el culto: Mt. 12, 6-7; 17,24-27; Jn. 2,13-22; 4,21-24.

4.—Jesús ante los poderosos: Mt. 16,5-12; 22,15-22; 23,1-36; Lc. 11,37-54; 13,31-33; 16,9-15; 18,18-27.

5.—Jesús ante los marginados: Mt. 11,28-30; Mc. 1,32-45; 2,1-17; 7,24-30; 10,13-16; Lc. 7,36-50; 8,1-4; 14,12-14; 16,19-31; 17,11-19; 21, 1-4.

Salmo para orar: 2: "Tú eres mi Hijo: yo te he engendrado hoy...".

TEMA 5: EL MISTERIO PASCUAL DE JESUS.

LECTURA INICIAL

Jn. 12,20-36: Jesús anuncia su glorificación por la muerte.

OBJETIVO DEL TEMA

Descubrir el amor de Jesús que por cumplir la voluntad de su Padre y ser solidario con todos nosotros, especialmente con los marginados, entra en conflicto con los poderosos, que lo llevan a la muerte. Su muerte es entrega voluntaria y libre para liberarnos de todo mal. Ver cómo la resurrección y glorificación de Jesús es el sí del Padre a esta entrega.

DESARROLLO

1. EL CAMINO DE JESUS

1.1. *Camino elegido.* Al iniciar su misión mesiánica Jesús renuncia a los bienes, a la fama y al poder (Mt. 4,1-11). Escoge el camino de la entrega desinteresada a todos, especialmente a los más pobres (Lc. 4,16-22). Anuncia los valores del Reino (Mt. 5,7); exige la auténtica conversión (Mc. 1,15); denuncia a los explotadores (Mt. 23); realiza milagros en favor de los más débiles, como señal de la presencia del Reino (Mt. 11,2-6), y tiene una serie de actitudes que desconciertan a muchos (cfr. tema anterior).

1.2. *Conflictividad de Jesús.* El modo de realizar la misión hace que Jesús entre en conflicto con los poderosos de este mundo, quienes le ponen trampas para hacerlo caer (Mt. 21,23-27; 22,15-46) o intentan quitarle la vida (Mc. 3,6; 14, 1-2.10-11; Lc. 4,28-30; 13,31; Jn. 5,18; 8,59; 10, 31.39; 11,45-54).

1.3. *Libertad de Jesús.* Jesús es consciente de la peligrosidad de su misión, y de la intención de sus adversarios de darle muerte. Pero El, libre y voluntariamente, está dispuesto a continuar su misión y su obra por fidelidad a su Padre y por solidaridad con los marginados. Sin embargo pone en guardia a sus discípulos anunciándoles en tres ocasiones su muerte y resurrección (Mt. 16,21-23; 17,22-23; 20,17-19). Con esto les hace ver que el mesianismo que ha elegido no es el triunfalista, sino el mesianismo doliente, de la entrega de su vida hasta la muerte, a ejemplo del Siervo de Yahvéh, descrito por Is. 42,1-9; 49,1-6; 50,4-11; 52,13-53,12. Por eso Jesús libre y voluntariamente se encamina a Jerusalén donde va a ser matado (Lc. 9,51.53.57; 10,1; 13,22.33; 17,11). Además les hace ver a sus seguidores que ellos atravesarán el mismo camino de la persecución (Lc. 6,22-23; 21,12-19; Jn. 15, 20; 16,1-4).

2. LA PASION Y MUERTE DE JESUS

El misterio pascual de Jesús es su pasión, muerte, resurrección y glorificación. Todas estas son facetas de un mismo e idéntico misterio. Si las tratamos en apartados distintos, es sólo por motivo de claridad esquemática.

2.1. *Los acontecimientos de la pasión y muerte.*

a. En el transcurso de la *Cena Pascual*, Jesús anuncia a sus discípulos que uno de ellos lo iba a entregar (Mt. 26,20-25). Allí mismo instituye la Eucaristía, que simbólicamente anuncia su próxima muerte (Mt. 26.26-29). Además lavando los pies a sus discípulos nos muestra el camino del servicio fraterno (Jn. 13,1-20). Nos da también el mandamiento del amor (Jn. 13, 33-35: 15,12.17), pidiéndonos la unidad como señal distintiva de sus discípulos para que el mundo pueda creer en El (Jn. 17,20-21).

b. *Oración y prendimiento*. Después de la Cena, Jesús sale con sus discípulos rumbo al monte de los Olivos. Su oración expresa la angustia ante su próxima muerte, pero a la vez su fidelidad a la voluntad de su Padre (Mt. 26,30-46). En el huerto, la muchedumbre guiada por Judas y sus dirigentes toma prisionero a Jesús (Mt. 26,47-56).

c. *Proceso religioso*. Esa misma noche lo llevan ante Anás, donde se le hace un interrogatorio a Jesús. Por su parte Pedro lo niega tres veces. Por la mañana se reúne el Sanedrín, presidido por Caifás Sumo Sacerdote, para juzgar a Jesús en su aspecto religioso, encontrándolo culpable por haber hablado en contra del templo, y sobre todo por haber blasfemado al ponerse en el rango divino del Hijo (Mt. 26,57 - 27,1).

d. *Proceso político*. Para poder darle muerte a Jesús, el Sanedrín acude al poder político, a Pilato el procurador romano, para que lo juzgue, acusándolo de sedicioso y revoltoso. Pilato, después de haberlo interrogado y enviado a Herodes (cfr. Lc. 23,8-12.15), ordenó su muerte, no obstante que ninguno de ellos dos encontró culpabilidad en Jesús. Los soldados se aprovechan para burlarse de él y maltratarlo (Mt. 27,2-31).

e. *Camino al Calvario, muerte y sepultura*. Después de esto conducen a Jesús al Calvario, donde lo crucifican en medio de dos ladrones. Allí muere Jesús entre las burlas y la satisfacción de sus adversarios. A la muerte de Jesús se nos describen fenómenos que significan el paso de la antigua a la nueva alianza. Después sepultan a Jesús poniendo guardias en el sepulcro (Mt. 27,32-66).

2.2. *El significado de la pasión y muerte de Jesús.*

a. *Asesinato*. La muerte de Jesús ha sido un asesinato (Hech. 2,23; 3,15; 4,10, etc.), no fue algo casual, sino que se debió a la oposición que fue creando la persona, la actividad y la doctrina de Jesús de Nazareth. Los poderosos llevaron a la muerte a aquél que era un reproche vivo de su modo de vivir y actuar (cfr. 1 Tes. 2,15).

b. *Muerte voluntaria por nuestra salvación*. También podemos decir que Jesús murió voluntariamente por nuestra salvación, para liberarnos del pecado y de todas sus consecuencias (cfr. 1 Tes. 5,9-10). Esta afirmación no contradice la anterior, sino que nos hace ver que Jesús voluntaria y libremente optó por un género de vida, y aceptó los riesgos que esto comportaba (cfr. Jn. 10,17-18; 12,27; 13,1-3; 18,5-6) y por lo mismo aceptó "libremente" —no pasivamente— la muerte que otros le causaban.

2.3. *Perspectiva de cada evangelista.*

Aun cuando los cuatro evangelios coinciden en los hechos fundamentales de la pasión, muerte y resurrección, sin embargo cada evangelista enfatiza algún aspecto peculiar.

a. *San Marcos* (14-16) nos presenta un relato kerygmático haciendo hincapié en la realización desconcertante del designio divino. Es el misterio de la Pasión en su aspecto crudo, paradójico y dramático, que nos lleva a la confesión de fe, a ejemplo del centurión que dice: "Verdaderamente este hombre era Hijo de Dios" (15,39).

b. *San Mateo* (26-28) nos presenta un relato eclesial y doctrinal. Por la fe de la Iglesia, y a la luz de las profecías del AT, ilumina los acontecimientos de la Pasión, haciéndonos ver cómo el pueblo judío rechaza a su Mesías.

c. El relato de *San Lucas* (22-24) está hecho con más preocupación historiográfica. Además se ve detrás de él al discípulo que nos hace más palpable la inocencia y misericordia de Jesús. Su relato es también parenético, en cuanto que en cada uno de los personajes que intervienen en la pasión, podemos ver reflejadas nuestras actitudes, positivas y negativas, hacia Cristo.

d. *San Juan* (13-21) subraya más la libertad de Cristo ante la muerte. Nos hace ver también que a través de la pasión y muerte, Jesús es constituido Rey, y además es glorificado por su Padre Dios.

3. LA GLORIFICACION DE JESUS: RESURRECCION-ASCENSION-ENVIO DEL ESPIRITU SANTO

3.1. *Los acontecimientos.*

a. *Resurrección.* Jesús resucitó al tercer día (1 Cor. 15,4). La resurrección de Jesús fue un acontecimiento real, pero no fue un acontecimiento puramente histórico, sino "meta-histórico" porque supera y trasciende las leyes de lo histórico común y corriente. Los evangelistas nos presentan dos signos o apoyos fundamentales de la resurrección que mutuamente se complementan:

—*El sepulcro vacío* (como signo "negativo" = Jesús no está en el sepulcro) (cfr. Mt. 28,1-8. 11-15; Mc. 16,1-8; Lc. 24,1-12; Jn. 20,1-10).

—*Las apariciones* de Jesús a distintos personajes (como signo "positivo" = Jesús vive), vgr. a María Magdalena (Jn. 20,11-18); a las mujeres (Mt. 28,9-10); a los dos caminantes de Emaús (Lc. 24,13-35); a los "Once" (Lc. 24,36-43; Jn. 20, 19-20.24-29), etc.

b. *La Ascensión.* En el tercer Evangelio Lucas nos la presenta el mismo día de la resurrección para indicar así la plena glorificación de Jesús en ese momento (Lc. 24,50-53; cfr. Mc. 16, 19-20). El mismo Lucas, en los Hechos de los Apóstoles, nos dice que sucedió cuarenta días después (Hech. 1,4-12). Con esto él está señalando que Jesús ya no estará visiblemente entre nosotros, sino en el cielo, la morada de Dios.

c. *El envío del Espíritu Santo.* Juan, señalando la plena glorificación de Cristo, nos presenta a Jesús transmitiendo su Espíritu Santo el mismo día de su resurrección (Jn. 20,21-23; cfr. 19,34; 7,37-39). En cambio Lucas quiere subrayar con el don del Espíritu el inicio del tiempo de la Iglesia, por eso lo presenta 50 días después de la resurrección, en el día de Pentecostés (Hech. 2,1-13).

3.2. *El significado de los acontecimientos.*

a. *Glorificación de Jesús.* Estos acontecimientos nos hacen ver que la muerte de Jesús no ha sido un fracaso, sino un paso a la Vida (cfr. Lc. 24,18-27). Son la glorificación plena que el Padre da a su Hijo (Jn. 17,5.24; Flp. 2,6-11). Son el sí de Dios al estilo de vida de Jesús, a su opción fundamental.

b. *Jesús vivo en la Iglesia.* Estos acontecimientos son la señal que Jesús está vivo, pero ya no es visible en el mundo. Se ha ido a la derecha del Padre y desde allí nos ha enviado al Espíritu para que empiece el tiempo de la Iglesia, el tiempo del testimonio hasta que El vuelva de nuevo al final de los tiempos (Ap. 22, 20; 1 Cor. 16,22).

4. NUESTRA PASCUA

Así como la pascua judía fue el paso de la esclavitud a la libertad, de la tierra de Egipto a la tierra de Canaán, así ahora el misterio pascual de Jesús es el paso de la muerte a la vida, el paso de este mundo a su Padre (Lc. 9,31; Jn. 13,1). La Pascua de Cristo es nuestra pascua en cuanto estamos llamados a pasar de la muerte a la vida, de la esclavitud a la libertad, del pecado a la gracia (Rom. 6,1-11; Col. 2,12-13).

REFLEXIONES

1.—*Como en el tiempo de Jesús también ahora se quiere silenciar a los que se comprometen realmente por los más débiles. ¿En qué me dida nosotros con nuestras actitudes, nuestro silencio, nuestra cobardía estamos cooperando a que las personas comprometidas, como Jesús, sean perseguidas y silenciadas?*

2.—¿Qué tan capaces somos de gastarnos y desgastarnos por los demás dando nuestra vida minuto a minuto?

3.—Esperar en la resurrección futura es ya luchar desde ahora por superar todos los ma-

les que nos aquejan. ¿Qué tan comprometidos estamos en esta línea?

4.—¿Qué implica vivir nosotros bajo el dinamismo pascual?

LECTURA FINAL

Flp. 2,6-11: La humillación de Jesús 'paso a su glorificación.

ACTIVIDADES EN CASA

Preguntas:

1.—¿Qué tipo de mesianismo escogió Jesús?

2.—¿En qué sentido el mensaje y la actuación de Jesús van creando conflictividad?

3.—¿Cómo reacciona Jesús ante la oposición que va generando su actuación?

4.—¿Cómo se sucedieron los acontecimientos durante la pasión y muerte de Jesús?

5.—¿En qué sentido la muerte de Jesús es un asesinato, y en qué sentido es una muerte libre y voluntaria?

6.—En estos relatos, ¿cuál es la perspectiva particular de cada evangelista?

7.—¿Cuáles son los acontecimientos que constituyen la glorificación de Cristo?

8.—¿Cuál es el significado de estos acontecimientos?

9.—¿Cómo la pascua de Jesús puede ser nuestra pascua?

Lecturas selectas

1.—Anuncios y prefiguraciones de la Pasión: Is. 52,13 - 53,12; Mt. 12,15-21.38-42; 16,21-23; 17,22-23; 20,17-19.

2.—Jesús señal de contradicción: Lc. 2,34; 12,51-53.

3.—Amenazas contra la vida de Jesús: Mc. 3,6; 14,1-2.10-11; Lc. 4,29-30; 11,53-54; 13,31; 19,47-48; Jn. 5,16.18; 7,19.25.30; 8,37.40.59; 10, 31.39; 11,45-54.57.

4.—Voluntad de Jesús de arriesgar su vida: Lc. 9,51-53; 13,31-35; Jn. 10,18; 12,27; 13,1-3; 18,4-6.

5.—Ultima Cena: Mt. 26,1-46.

6.—Pasión y muerte de Jesús: Jn. 18-19.

7.—Glorificación de Cristo: Mt. 28; Mc. 16; Lc. 24; Jn. 20-21; Hech. 1,6-14; 2,1-13; 1 Cor. 15.

8.—El Misterio pascual en nosotros: Rom. 6,1-11; Col. 1,24-29; 3,1-4; Ap. 7,13-17; 11,1-13.

Salmo para orar: 22 (21). "Dios mío, Dios mío, ¿por qué me has abandonado,...".

TEMA 6: EL SEGUIMIENTO DE JESUS.

LECTURA INICIAL

Mc. 1,16-20: Llamamiento de los cuatro primeros discípulos de Jesús.

OBJETIVO DEL TEMA

Descubrir cómo Jesús con su presencia, sus palabras y obras, especialmente su misterio pascual, nos está interpelando a seguirlo, a adherirnos a El, a entrar en comunión de vida con él.

DESARROLLO

1. EL SEGUIMIENTO DE JESUS

1.1. *El hecho del seguimiento.* Una de las constantes más claras en el evangelio es el hecho que Jesús, tan pronto como inicia su mi-sión, reúne un grupo de personas, hombres y mujeres que lo seguían, que vivían como El, que estaban de parte de El, que se conocían entre ellos y compartían el mismo destino.

Es el grupo de los discípulos de Jesús, en el que estaban los "Doce" (Mt. 10,1-4; 11,1); los "72" (Lc. 10,1-20), y todavía más: un grupo muy abundante (Lc. 6,17; 19,37; Jn. 6,60), compuesto de varones (Mc. 2,14; Mt. 27,57) y mujeres (Lc. 8,1-3; Mc. 15,40-41).

1.2. *El llamado para el seguimiento.* Es cierto que la muchedumbre y la gente sigue a Jesús (Mt. 4,25; 8,1.10; 12,15; Mc. 2,15; 3,7; Lc. 7,9; 9,11; Jn. 6,2). Pero algunos de ellos han sido llamados explícitamente por El, como Simón y Andrés, Santiago y Juan (Mt. 4,18-22) o Leví (Mc. 2,13-14) y han respondido positivamente al llamado dejándolo todo y siguiéndolo. Otros, en cambio, a pesar del llamado de Jesús, no han querido seguirlo, como sucedió con el rico (Lc. 18,18-23) u otros más (Jn. 6,66).

1.3. *Razón del seguimiento*. Se le sigue a Jesús porque El es el Maestro (Mt. 8,19; Mc. 4,38; Lc. 7,40; Jn. 1,38), porque El es el Camino, la **Verdad** y la Vida (Jn. 14,6), es decir, el camino vivo y verdadero que conduce al Padre.

Expresado de otra forma podemos afirmar que para ser discípulo de Jesús es necesario e indispensable "seguirlo" (Mt. 10,38; Jn. 8,12; 10, 27; 12,26). Por eso en los Hechos de los Apóstoles la palabra "camino" viene utilizada absolutamente para designar la nueva vida en la fe cristiana (Hech. 9,2; 18,25ss; 19,9.23; 24,14.22).

1.4. *Sentido global del seguimiento*. Seguir a Jesús no significa imitar, reproducir una imagen, ni enseñar una conducta, sino algo más profundo y radical, que podría sintetizarse en un "unirse a", "obedecer", lo que según Juan equivale a "creer" (Jn. 8,12; 10,4.27). Seguir a Jesús es seguir su camino (Lc. 9,57-62), es entrar en el Reino de Dios que está ya presente, es asociarse a su suerte y más especialmente a su cruz y a su gloria (Mt. 8,19-22; 10,38; 16,24; Jn. 12,26).

2. EXIGENCIAS DEL SEGUIMIENTO DE JESUS

De alguna forma a través de toda esta Tercera Unidad hemos venido analizando, explícita o implícitamente, las diversas exigencias para los discípulos de Jesús. En la Cuarta Unidad insistiremos en el aspecto comunitario de esta vivencia. Recordemos que la conversión es la exigencia radical que se va a manifestar en estas características del discípulo de Jesús.

2.1. *La fe*. La fe que consiste en escuchar y poner en práctica la Palabra de Dios. No basta el decirnos discípulos de Jesús, hay que demostrarlo en la vida diaria (Mt. 7,21-27; Lc. 6,46-49; 13,25-27). Por eso el verdadero discípulo de Jesús es el que escucha y practica la Palabra del Señor (Lc. 8,19-21; 11,27-28), es el que observa la voluntad de Dios (Mt. 10,29).

2.2. *El amor y la Unidad*. El amor y la unidad explicitados en obras serán el distintivo de los cristianos y la causa de credibilidad de que Jesús es el enviado del Padre (Jn. 13,34-35; 15, 13.17; 17,21-23). Este amor se hace palpable en la solidaridad con los marginados y los que ante nuestros ojos no valen (Mt. 25,31-46; Lc. 10,29-37). Este amor se caracteriza también por el perdón continuo e ilimitado (Mt. 18,15-34).

2.3. *La igualdad y el servicio mutuo*. Jesús, con sus palabras y obras, nos enseñó la igualdad y el servicio: el discípulo debe ser el último de todos, el servidor de los demás (Mt. 20, 20-27; Lc. 22,26-27; Jn. 13,12-17). Por lo tanto debemos esforzarnos por vivir la igualdad, evitando la ambición y la arrogancia que causa escándalo (Mt. 18,1-10; 23,8-12). Si alguien debe ser preferido, serán los marginados, los pobres, los enfermos, los niños (Mt. 25,31-46; Lc. 4,16ss; 7,22-23; Mt. 18,1-4; 19,13-15).

2.4. La vida de *oración* como parte constitutiva de la existencia (Mt. 6,5-15; 14,23).

2.5. *Dejarlo todo renunciando:*

a. a los mismos lazos *familiares* como absolutos (Lc. 14,25-26; 9,59-62).

b. a los propios *bienes* (Lc. 14,33; Mt. 19, 21; Mc. 10,21) para hacer real el proyecto de compartir (Hech. 2,44-45; 4,32-37).

c. a la propia *vida* (Lc. 14,26; Mt. 10,39; Mc. 8,34-35; Jn. 12,25; Lc. 9,23-24; 17,33).

2.6. *Correr el riesgo de Jesús*. Seguir a Jesús es participar en su suerte, compartir el mismo destino del Maestro: no tener dónde reclinar la cabeza (Lc. 9,57-58); ser odiados y perseguidos por el "mundo" (Jn. 15,18-16,4); llevar su cruz (Mc. 8,34s); beber su cáliz (Mc. 10, 38); compartir su cruz y su gloria (Mt. 8,19.22; 10,38; 16,24; Jn. 12,26).

2.7. Seguir a Jesús en la *conversión*, aun después de la posible caída (Lc. 22,31-32).

3. PROMESAS DE JESUS A SUS SEGUIDORES

Aun cuando el discípulo de Jesús no debe invocar méritos (Mt. 19,30-20,11; Lc. 17,7-10), sin embargo hay una recompensa para ellos.

3.1. Jesús garantiza su *presencia y asistencia*: "Yo estaré con ustedes todos los días..." (Mt. 28,20).

3.2. Jesús promete el *ciento por uno* en esta vida (con persecuciones) y la vida eterna (Mc. 10,28-31).

3.3. Jesús nos asegura que participaremos de su *gloria* (Jn. 12,26; 14,3; 17,24), y que nuestros nombres están inscritos en el cielo (Lc. 10, 20).

4. MARIA COMO PROTOTIPO DE LOS DISCIPULOS DE JESUS

Entre tódos los discípulos de Jesús sobresale la Virgen María. De hecho en dos ocasiones Jesús hace ver a la gente que el "privilegio" de María no es tanto el que lo haya engendrado y llevado en su seno, sino principalmente el que su Madre ha escuchado y practicado la Palabra de Dios, convirtiéndose así en perfecto discípulo suyo (Lc. 8,19-21; 11,27-28). Cuatro líneas fundamentales podemos destacar en María.

4.1. *Virgen oyente y practicante.* María es la creyente (Lc. 1,45) la que escucha y medita en su corazón la Palabra del Señor (Lc. 2,19.51; 8,19-21; 11,27-28) y vive esa Palabra en su doble vertiente: fidelidad a Dios en la obediencia y disponibilidad: "Aquí está la esclava del Señor, cúmplase en mí lo que has dicho" (Lc. 1,38), y solidaridad con el prójimo, sobre todo con los necesitados, como su gesto de delicadeza hacia su pariente Isabel, entrada ya en años y embarazada (Lc. 1,39-40.56), o su atención a los recién casados a quienes les falta vino para la fiesta de bodas (Jn. 2,1-5).

4.2. *Virgen orante.* María en su oración proclama la felicidad de los pobres y desdichados ante la presencia del Reino que viene a cambiar su situación, a la vez anuncia el abajamiento de los ricos y poderosos (Lc. 1,46-55). María unida a los demás discípulos está en un clima de oración aguardando la promesa del Espíritu para la Iglesia naciente (Hech. 1,14).

4.3. *Virgen Madre.* La maternidad de María (Lc. 1,26-38; 2,1-20) expresa la fe y la perfecta obediencia (Lc. 1,38.45; 11,27s). María es madre de Jesús y del discípulo amado, simbolizando éste a todos los discípulos (Jn. 19,25-27).

4.4. *Virgen oferente.* María sabe que la espada del dolor atravesará su persona (Lc. 2,34-35). Por eso está de pie junto a la cruz del Señor (Jn. 19,25-27) asociándose de una forma singular al misterio pascual de su Hijo.

De esta forma María oyendo y practicando la Palabra de Dios en la doble vertiente del amor hacia Dios y hacia los hermanos, nos muestra el camino fundamental del seguimiento de Jesús.

REFLEXIONES

1.—*Seguir a Jesús implica no sólo aceptar un conjunto de verdades, sino sobre todo adherirse a su programa de vida, a los valores que El proclama y vive, a las actitudes que El nos exige y de las que nos ha dado ejemplo. ¿Nos esforzamos por realizar esto con la ayuda de Dios?*

2.—*Seguir a Jesús es recorrer su camino, aceptar su misma suerte por fidelidad al Padre y por servicio desinteresado y amoroso a nuestros hermanos. ¿Estamos dispuestos a ello?*

3.—*María es el verdadero discípulo de Jesús porque siempre puso en práctica la Palabra de Dios. ¿Nosotros nos limitamos a conocer esa Palabra o también la ponemos en práctica?*

4.—*¿Qué espiritualidad deducimos del cántico de María en Lc. 1,46-55?*

LECTURA FINAL

Mt. 12,46-50: *María el verdadero discípulo de Jesús.*

ACTIVIDADES EN CASA

Preguntas:

1.—¿Quiénes seguían a Jesús una vez que inicia su misión?

2.—¿Quiénes recibieron de parte de Jesús un llamado explícito a seguirlo, y cómo reaccionaron?

3.—¿Cuál es la razón del seguimiento de Jesús?

4.—¿Cuál es el sentido global del seguimiento?

5.—Señala cinco exigencias del seguimiento de Jesús.

6.—¿Qué promesas hace Jesús a sus seguidores?

7.—¿Por qué María es el prototipo de los discípulos de Jesús?

8.—¿Cuáles son las cuatro líneas fundamentales que se pueden destacar en María?

Lecturas selectas

1.—Llamado de Jesús y diversas respuestas: Mc. 2,13-14; 10,17-22; Jn. 1,35-51; 6,64-71; 21,15-23.

2.—Elección y misión de los Doce y de los "72": Mt. 10,1-15; 28,18-20; Lc. 10,1-20.

3.—Misión y exigencias del seguimiento: Mt. 5,13-16; 6,19-21; 7,13-14; Lc. 9,23-26.57-62; 12 13-21.33-34; 14,25-33; Jn. 13,1-20; 15,1-17.

4.—Recompensa y promesas para los discípulos: Mc. 10,28-31; Lc. 10,20.23-24.

5.—María.

—Prefiguraciones y anuncios proféticos sobre María: Gen. 3,14-15; Is. 7,10-17; Miq. 5,1-3.

—María en la obra de Lucas: Lc. 1-2; 8, 19-21; 11,27-28; Hech. 1,12-14.

—María en el cuarto evangelio: Jn. 2, 1-12; 19,25-27.

Salmo para orar: 1. "Dichoso el hombre que no sigue el consejo de los impíos...".

UNIDAD IV:

LA IGLESIA
Y EL RESTO
DEL NUEVO TESTAMENTO.

1 : UNA IGLESIA QUE NACE Y SE EX-
TIENDE (HECHOS DE LOS APOSTO
LES).

2 : UNA IGLESIA QUE SE VA FORMAN-
DO E INTERPELANDO (LAS CARTAS
DE PABLO Y LOS RESTANTES ES-
CRITOS DEL NT).

3 : LA IGLESIA PUEBLO PROFETICO:
ESCUCHA, PRACTICA Y DIFUNDE
LA PALABRA DE DIOS.

4 : LA IGLESIA PUEBLO SACERDOTAL:
ORA Y CELEBRA EL CULTO DE LA
VIDA DIARIA.

5 : LA IGLESIA PUEBLO SERVIDOR: VI-
VE PARA EL AMOR Y LA SOLIDARI-
DAD.

6 : LA IGLESIA PUEBLO PEREGRINO:
EN MARCHA HACIA EL ENCUENTRO
DEFINITIVO CON EL SEÑOR JESUS.

TEMA 1: UNA IGLESIA QUE NACE Y SE EXTIENDE (HECHOS DE LOS APOSTOLES).

LECTURA INICIAL

Hech. 1,6-11: Jesús se ausenta visiblemente de la tierra, surge la misión de los Apóstoles como testigos.

OBJETIVO DEL TEMA

Además de conocer los datos generales sobre el libro de los Hechos de los Apóstoles queremos comprender las características de la Iglesia primitiva, y su capacidad de expansión. Eso nos servirá para descubrir cómo deben ser hoy día nuestras comunidades cristianas.

DESARROLLO

1. DATOS GENERALES SOBRE LOS HECHOS DE LOS APOSTOLES

1.1. *Autor.* San Lucas, cristiano gentil, médico, compañero de viajes de Pablo y autor del tercer evangelio, es el autor de esta obra. De hecho el Evangelio de Lucas y los Hechos de los Apóstoles constituyen una sola obra en dos partes (ver semejanza de prólogos; ideas doctrinales que se repiten: Espíritu Santo, gozo, oración, centralidad de Jerusalén en la historia de la salvación, universalidad de la salvación, etc.).

1.2. *Fecha y lugar de composición.* El libro fue compuesto entre los años 80-90, probablemente en Acaya (Grecia) o quizá más bien en Roma.

1.3. *Historicidad*. Aun cuando no se trata de una obra histórica científica, sin embargo el autor nos proporciona datos históricos y verdaderos dentro de una finalidad religiosa: mostrarnos que la Iglesia continúa, en el tiempo y en el espacio, la misión de Jesús.

1.4. *Finalidad de la obra.*

a. *Testigos.* Hechos 1,8 nos da la pauta global del libro: hacer ver que la Iglesia debe continuamente dar testimonio de Jesús en todas partes. "Pero recibirán una fuerza, el Espíritu Santo que descenderá sobre ustedes, para ser testigos míos en Jerusalén, en toda Judea, en Samaria y hasta los confines del mundo".

b. *Otros aspectos.* Podemos también pensar que Lucas en su obra quiere presentarnos:

—El *ejemplo* de la era apostólica, y en concreto, de la vida de la primitiva comunidad de Jerusalén (cfr. 1-7).

—Cómo la Iglesia *continúa* la historia de la salvación a la que los judíos han sido infieles (cfr. 13,44-52).

—Cómo la *expansión* de la Iglesia entre los gentiles obedece al designio de Dios (cfr. 10,34-48; 11,4-18; 13,44-52).

2. CARACTERISTICAS DE LA PRIMITIVA COMUNIDAD CRISTIANA

Queremos indicar en este tema las principales características que se desprenden de la lectura de los Hechos.

2.1. *Iglesia Trinitaria.* La Iglesia nace de la promesa del Padre que se hace realidad con el don del Espíritu Santo en Pentecostés a fin de que la comunidad dé testimonio de Jesús (1,1-8; 2,1-13). El Espíritu Santo que es un poder y fuerza (1,8) está presente en los distintos miembros de la comunidad: en los apóstoles (2,1-13; 5,3.9), en Pedro (4,8), en los "siete" (6,3), en Esteban (6,5.10; 7,55), en Saulo (9,17), en los discípulos (13,52), en los mismos gentiles (10,44-47; 11,15-17), en una palabra, en toda la comunidad (4,31). El Espíritu es el que guía la obra de la evangelización (8,29.39; 13,1-3; 16,6-7). El Espíritu es quien da la fuerza necesaria para dar testimonio de Jesús en medio de persecuciones y luchas (4,31; 20,22-24; 21,11).

2.2. *Iglesia testigo de Cristo.* La Iglesia, con sus palabras y obras, debe dar testimonio de Jesús (1,6-8), en especial de su resurrección (2,32; 3,15; 4,33; 5,32; 13,31; 22,15). Los Apóstoles predican con valentía el nombre de Jesús y rea-

lizan señales y prodigios en medio del pueblo (4,29-30). Ante esta Palabra muchos creen, por eso la Palabra crece, se difunde y se multiplica (6,7; 12,24; 19,20). Pero muchos otros se obstinan ante el testimonio y persiguen a los cristianos. Esteban es el primer mártir —testigo— de Jesús (6,8-14; 7,54 - 8,3).

El hecho de que la Iglesia deba dar testimonio de Jesús y ser a la vez instrumento de Cristo para la salvación de los hombres (1,8; 4,19-20. 29; 5,32.42; 9,15-16.20-29; 28,28) hace que la Iglesia no pueda vivir cerrada en sí misma ni preocupada de sí misma. Todo debe contemplarse a la luz de la misión que se le ha confiado. Sus problemas, sus dificultades internas, su organización tienen que resolverse a la luz de su misión (cfr. 6,1-6; 11,1-18; 15).

2.3. *Iglesia comunidad universal.* El ingreso a la Iglesia se realiza a través de la predicación apostólica que suscita la conversión y la fe en los oyentes, que luego son bautizados (2, 37-41). Pueden pertenecer a la Iglesia tanto judíos como gentiles (10,34-48; 13,44-48).

2.4. *Iglesia comunidad con características propias.* (2,42-47; 4,32-35; 5,12-16).

a. Agrupada en torno a los *apóstoles y perseverando en su enseñanza* (2,42).

b. Viviendo una gran *unión fraterna* llegando hasta la comunidad de bienes, de modo que no había entre ellos ningún necesitado ni pobre (2,42.44-45; 4,32.34-35).

c. Teniendo como centro la *fracción del pan,* o sea, la Eucaristía (2,42.46).

d. Formando una comunidad de *oración* (2, 42.46-47).

3. LA EXPANSION DE LA IGLESIA

3.1. *El plan.* Hech. 1,8 marca el plan: "...ser testigos míos en Jerusalén, en toda Judea, en Samaria y hasta los confines del mundo". Se trata de una Iglesia en constante camino (cfr. 8,1.4; 13,3ss; 15,36ss) que debe llevar el testimonio de Jesús a todas partes.

3.2. *Inicios y desarrollo.* La Iglesia tiene sus inicios y primer desarrollo en Jerusalén, centro de la historia de la salvación (allí se realizó el misterio pascual de Cristo). Los siete primeros capítulos del libro nos presentan a la Iglesia de Jerusalén (1,1 - 8,1).

3.3. *Primera expansión.* La Iglesia, a raíz de las persecuciones, se extiende a las regiones de Judea y Samaria. Se funda también una comunidad en Antioquía, lugar de donde parten las misiones al mundo greco-romano (8,1-12,25).

3.4. *Hasta los confines del mundo.* La Iglesia amplía sus horizontes por el mundo greco-romano, para llegar así hasta los confines de la tierra conocida por ellos (13,1-28,31).

a. Gran impulsor de esta expansión es *Saulo*, que de perseguidor de los cristianos se convierte en Apóstol de Jesucristo (9,1-30).

b. Durante sus *tres viajes misioneros* Pablo va predicando la Buena Nueva de Dios a judíos y gentiles. Los judíos ordinariamente se oponen y hasta persiguen a Pablo; los gentiles, en cambio, suelen aceptar el Evangelio, convirtiéndose y haciéndose bautizar en el nombre de Jesús (13, 44-52). Ya Pedro, anteriormente, había comprendido que los gentiles también eran llamados a formar parte de la Iglesia (10,1-11,18).

c. De esta forma Pablo va fundando *diversas comunidades* con las que después conserva vínculos sea a través de delegados suyos, sea a través de sus cartas.

d. El libro termina con el viaje de *Pablo prisionero a Roma.* Allí sigue predicando con toda valentía el Reino de Dios (27,1-28,31).

REFLEXIONES

1.—*Todos los cristianos estamos llamados a seguir dando testimonio de Jesús con nuestras palabras y nuestras obras. ¿En qué medida nosotros no sólo decimos ser cristianos, sino también actuamos conforme a nuestra fe?*

2.—*La Iglesia es esencialmente misionera, no debe cerrarse en sí misma, sino debe servir al Reino de Dios en el mundo. ¿Somos una Iglesia servidora del Reino en el mundo, o somos una Iglesia que sólo se contempla a sí misma, se problematiza consigo misma?*

3.—*Los cristianos estamos invitados a vivir del espíritu auténtico que hubo en la primitiva comunidad, pero a la vez a vivir en el presente y de cara al futuro respondiendo cristianamente a las nuevas problemáticas que se presentan. ¿Nos importan el pasado, el presente y el futuro?*

4.—*¿Cómo podemos contribuir para que la pequeña iglesia de nuestra casa, barrio, trabajo o escuela, de nuestra comunidad parroquial sea como la primitiva comunidad de la que nos hablan los Hechos?*

5.—*¿Estamos en la disposición y en el camino de ir construyendo auténticas comunidades cristianas de base? ¿Qué medios empleamos?*

LECTURA FINAL

Hech. 2,42-47: *Características de la primitiva comunidad cristiana.*

ACTIVIDADES EN CASA

Preguntas:

1.—¿Por qué decimos que el autor del tercer evangelio y de los Hechos es el mismo?

2.—¿Cómo puedes describir la finalidad de esta obra?

3.—Explica las principales características de la comunidad cristiana primitiva que se desprenden de la lectura de los Hechos.

4.—¿A raíz de qué situación la Iglesia empieza a extenderse fuera de Jerusalén?

5.—¿Qué papel jugó en esto San Pablo?

6.—¿La Iglesia se abre también a los gentiles y paganos? ¿Por qué?

Lecturas selectas

1.—Pentecostés inicio de la Iglesia: 2,1-41 (cfr. Jl. 3,1-5; Jn. 7,37-39).

2.—Características de la comunidad: 2,42-47; 4,32-35; 5,12-16.

3.—Testigos de Cristo con palabras y obras: 3,1-4,31.

4.—Conversión de Saulo: 9,1-30.

5.—Primer viaje misionero: 13-14.

6.—Concilio de Jerusalén: 15.

7.—Fundación de la Iglesia de Corinto: 18.

8.—Apología de Pablo: 1 Cor. 9; 2 Cor. 11-12.

Salmo para orar: 87 (86): "Se dirá de Sión: 'Uno por uno todos han nacido en ella...'".

TEMA 2: UNA IGLESIA QUE SE VA FORMANDO E INTERPELANDO (LAS CARTAS DE PABLO Y LOS RESTANTES ESCRITOS DEL NT).

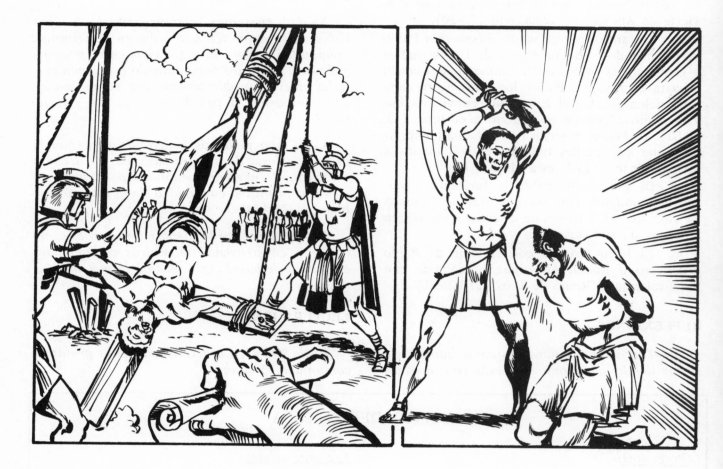

LECTURA INICIAL

Rom. 1,1-7: La carta es un medio que Pablo usa para comunicarse con las iglesias, y para dejarles un mensaje, en este caso, un himno cristológico.

OBJETIVO DEL TEMA

Descubrir cómo Pablo, Pedro, Juan, Santiago, Judas, etc., por medio de sus cartas enseñan, exhortan, corrigen y edifican a la comunidad. De esta manera los escritos del NT se convierten en formación e interpelación para las mismas comunidades.

DESARROLLO

1. LAS CARTAS DE PABLO

1.1. *Cuestiones generales.* Suponemos lo que ya se explicó en la primera lección de la Tercera Unidad, con referencia a la división, formación y autores del NT. Entramos ahora directamente en puntos generales sobre las cartas.

a. *Autenticidad.* 13 cartas forman el epistolario paulino. Probablemente no todas sean de Pablo, aunque sí reflejen de alguna forma su mentalidad. Lo que importa es que todas ellas son inspiradas, y por ende son Palabra de Dios que nos interpela.

—7 cartas, sin lugar a dudas, *son de Pablo*: Rom. (de los años 57-58), 1 Cor. (55-56), 2 Cor. (57), Gál. (54-57), Flp. (54-57), 1 Tes. (49-50), Flm. (54-63).

—De 3 cartas se ponen *ciertas dudas* sobre su autenticidad paulina: Ef. (80-100), Col. (54-63 o posterior), 2 Tes. (50-51 o posterior).

—Por último hay tres cartas, las así llamadas "pastorales" de las que muchos autores modernos afirman que *no son de Pablo*: 1-2 Tim; Tit. (80-100).

b. *División de las cartas.* Hay diversos modos de dividir las cartas paulinas. Proponemos la siguiente:

—Cartas a los *Tesalonicenses*: sobre la parusía o segunda venida de Jesús.

—Cartas a los *Gálatas y Romanos*: sobre la fe, la libertad cristiana ante la ley.

—Cartas a los *Corintios*: sobre diversos asuntos y problemas de la comunidad. Cristo es la verdadera sabiduría de Dios.

—Cartas de la *cautividad*: Ef., Flp., Col., Flm., porque fueron escritas cuando Pablo estaba preso.

—Cartas *pastorales*: 1-2 Tim., Tit., porque están dirigidas a jefes de comunidades y les hablan sobre su oficio pastoral.

c. *Orden de las cartas.* En la Biblia están colocadas no en orden cronológico, sino en razón de su extensión: de la más larga (Rom.) a la más breve (Flm.).

d. *Estructura de la carta.* Ordinariamente las cartas suelen tener las siguientes partes:

—Saludo: Flp. 1,1-2.
—Acción de Gracias: Flp. 1,3-11.
—Cuerpo de la carta: Flp. 1,12 - 4,20.
—Despedida: Flp. 4,21-23.

1.2. *Las dos cartas a los Tesalonicenses.* Tesalónica era la capital de Macedonia en Grecia. Allí predicó Pablo durante tres sábados consecutivos (Hech. 17,1-9).

a. *La 1 Tes.,* la escribe Pablo por las noticias que trae Timoteo de su visita a la ciudad (3,6). Los alaba por su progreso y su ejemplo (1,2-10; 3,6). Los alerta contra las dificultades que pueden tener (2,13-16). Expone el tema de la segunda venida del Señor, hablando en primer lugar de la suerte de los vivos y de los muertos ante esa venida (4,13-18). Después aborda el tema de la vigilancia como actitud fundamental ante el retorno del Señor (5,1-11).

b. *La 2 Tes.,* la escribió para solucionar los problemas de la comunidad, sobre todo la ma-

la interpretación con relación a la parusía o segunda venida de Jesús, pues algunos pensaban que ya era inminente. Pablo quiere desengañarlos, describiendo las señales que deben preceder a la Parusía (2,1-12) y haciéndoles ver que deben comprometerse en el mundo y trabajar en la tierra (3,10-12).

1.3. *Las cartas a los Gálatas y a los Romanos.*

a. *La carta a los Gálatas* fue enviada a las comunidades de Galacia del norte. En esas Iglesias fundadas por Pablo habían surgido perturbados judaizantes que hablaban en contra de Pablo como si éste no fuera apóstol; además los judaizantes anunciaban que para la salvación era necesaria la circuncisión y la práctica de la ley. Pablo, en esta carta, hace de una manera vehemente su defensa personal para hacer ver que el Evangelio que él predica es el Evangelio auténtico de Jesucristo (1-2). Sostiene que la salvación o justificación nos viene no por la ley, ni por nuestras buenas obras, sino por la gracia, por la fe (3-4). Nos habla además de la libertad que nos ha traído Cristo, libertad que se ejercita fundamentalmente en el amor (5-6).

b. *La carta a los Romanos* está dirigida a una comunidad que Pablo no había fundado. Quiere confirmarlos en la fe y anunciarles su próxima visita con ocasión de su viaje hacia España (15,24). En esta carta Pablo desarrolla con más calma la doctrina que había presentado en la carta a los Gálatas. Nos presenta fundamentalmente el problema de la salvación y justificación por la fe (1,16 - 4,25). Nos habla también de la salvación que nos ha traído Jesucristo, quien nos ha liberado de la ley, del pecado y de la muerte, y nos ha posibilitado el llevar una vida bajo el dinamismo del Espíritu (5,1-8,39). Explica también cuál es la situación del pueblo de Israel ante Dios (9,1 - 11, 35). Termina su exhortación con una invitación a vivir el amor en sus diversas manifestaciones y dimensiones (12,1 - 15,13).

1.4. *Las cartas a los Corintios.* La comunidad de Corinto fue fundada por Pablo en su segundo viaje misionero (Hech. 18,1-18). Corinto era un centro político y comercial muy importante. Además era famoso por su corrupción moral.

a. *La 1 Cor.* está escrita para llamar la atención sobre algunos desórdenes que había: divisiones (1,10ss), caso del incestuoso (5,1-13), el recurso a los tribunales paganos (6,1-11), los abusos en la cena eucarística (11,17-22), etc. También da respuestas a preguntas planteadas, por ejemplo sobre el matrimonio y la virginidad (7, 1-40), sobre el buen uso de los carismas (12-14). Nos habla sobre la Resurrección de Jesús y la de todos los muertos (15). Nos presenta a Jesús, y éste crucificado, como la verdadera sabiduría de Dios que confunde la sabiduría humana que tanto era apreciada en Corinto (1,17-3,4).

b. *La 2 Cor.* fue escrita, en parte, porque aparecieron algunos judaizantes que atacaban la persona y la autoridad de Pablo. A lo largo de toda la carta aclara el significado del misterio apostólico, y hace la apología de su propia persona (10-13). Además nos habla del sentido de la colecta o ayuda a las Iglesias necesitadas (8-9).

1.5. *Las cartas de la Cautividad.* Las cartas a los Filipenses, Filemón, Colosenses y Efesios fueron escritas durante la cautividad de Pablo (Flp. 1,12-14; Flm. 1.9-10.13.23; Col. 4,3.10.18; Ef. 3,1; 4,1; 6,20).

a. *La carta a los Filipenses.* Pablo en su segundo viaje misionero fundó esa comunidad (Hech. 16,12ss). Posteriormente en su tercer viaje la visitó de nuevo (Hech. 20,1-6). La carta que Pablo escribe a esta comunidad es muy personal: les expresa sus sentimientos de gratitud por la caridad que han tenido con él enviándole a Epafrodito (2,25ss). Pablo aprovecha también la carta para animarlos y exhortarlos a su vivencia cristiana, sobre todo en la unidad (2,1-11) y la alegría (2,28-29; 3,1; 4,4.10), poniendo siempre como centro a Jesús (1,12 - 16; 2,5-11).

b. *La carta a Filemón.* En esta breve y preciosa carta Pablo anuncia a Filemón el regreso de su esclavo Onésimo, a quien ahora debe recibir como hermano y no ya como esclavo.

c. *La carta a los Colosenses.* Pablo se dirige a los cristianos de Colosas, pequeña ciudad de la provincia romana de Asia, cuya capital era Efeso. Pablo no había fundado esta comunidad, ni la conocía (2,5). Su discípulo Epafras era el fundador (1,7). Ante la idea de que entre Dios y los hombres había muchos mediadores, Pablo hace ver claramente la preeminencia de Cristo sobre las Potestades, las Dominaciones, etc. (1, 15-20; 2,6-15). La unión con Cristo resucitado hace que surja en nosotros una vida nueva (3).

d. *La carta a los Efesios.* El título "a los efesios" es un añadido posterior al original. Quizá esta carta estaba dirigida a todas las comunidades cristianas de Asia (cfr. Col. 4,16). Uno de los temas que quiere abordar el autor es hacer ver que la salvación tiene sus raíces en la elección de los judíos. Todos somos llamados a la salvación. Los gentiles no pueden despreciar a los judíos, pues todos hemos sido reconciliados en Jesús (1,3-14; 2,11-22). De esta salvación en Cristo se desprende la unidad en la diversidad (4,1-16) y la vida nueva en Cristo Jesús (4,17-5,20), lo mismo que las directrices sobre la moral familiar (5,21ss).

1.6. *Las cartas Pastorales.* Timoteo y Tito fueron colaboradores estrechos en la obra de Pablo. Al primero le encomendó el cuidado de Efeso; al segundo el de Creta. Estas tres cartas escritas "supuestamente" por Pablo a sus colaboradores nos presentan de una u otra forma las cualidades y características de los pastores de las comunidades: del epíscopo u obispo (1 Tim. 3,1-7; Tit. 1,6-9); del presbítero (1 Tim. 5,17-22), del diácono (1 Tim. 3,8-13), ministerios que no coinciden en todo con los que en la actualidad tenemos. Nos hablan también de los falsos doctores (1 Tim. 4; 6,3-10; 2 Tim. 2,14-26; Tit. 1, 10-16). Contienen además exhortaciones preciosas a sus colaboradores (1 Tim. 6,11-16.20-21; 2 Tim. 2,1-13; 4,1-5; Tit. 2), y recuerdos personales de Pablo (2 Tim. 4,6-22).

2. LOS ESCRITOS DE JUAN

2.1. *Cuestiones generales.* Además del cuarto evangelio, hay tres cartas y el apocalipsis que se atribuyen a Juan el Apóstol. Independientemente de la razón o no de esta atribución, ciertamente podemos afirmar que hay una cierta relación entre estos cinco escritos.

2.2. *Las tres cartas de Juan.* Forman parte del conjunto de las siete cartas "católicas". Aquí expondremos brevemente la doctrina de la primera carta donde San Juan nos quiere dejar claros ciertos puntos:

a. *Dios (Padre)* es Luz (1,5) y es Amor (4, 8), por eso quien pertenece a Dios debe caminar en la luz (1,6-7) y en el amor (4,7-8). Dios es Padre nuestro (3,1-2).

b. *Jesucristo* es el Hijo de Dios (1,3.7; 4,9. 15), la Palabra de Vida (1,1), la Vida eterna (1,2; 5,11-20), el Justo (2,1), el enviado de Dios (4,10), el Salvador del mundo (4,14). El Padre nos lo dio por amor (4,9). Jesús dio su vida por nosotros (3,16), para así perdonar nuestros pecados (1,7; 2,1-2; 3,5) y hacernos hijos de Dios (3,1-2).

c. *El Espíritu* da testimonio de Jesús (5,6-7), y nos lo ha dado Dios a todos nosotros (4, 13).

d. *El cristiano* que ha nacido de Dios (3, 9; 4,7; 5,18) debe caminar en la luz (1,5-7), observando los mandamientos (2,3-11), especialmente el del amor mutuo (2,10-11; 4,7 - 5,4), ya que si no ama a los hermanos tampoco ama a Dios y se convierte en un asesino sin tener la vida eterna en él (3,11-24). El cristiano no debe amar al "mundo" —la realidad contraria a Dios— (2,15-17), debe esforzarse por evitar el pecado (3,9; 5,18). En pocas palabras el cristiano debe creer en Jesús (2,23; 3,23; 5,1.5.13) y vivir como Jesús (2,6; 3,3-5).

2.3. *El Apocalipsis.*

a. *Destinatarios.* El Apocalipsis está dirigido a las comunidades cristianas de Asia Menor (1,4; 2-3) que son perseguidas por reconocer la supremacía de Cristo sobre las pretensiones del Imperio Romano (12-13; 16-18).

b. *Naturaleza del libro.* Está escrito en el género apocalíptico (1,1; 4,1, etc.), aun cuando también mezcla el género profético (1,3; 22,7) y el género epistolar (1,4-3,22). Por pertenecer al género apocalíptico se nos presenta una lucha entre el Bien y el Mal; las fuerzas del Bien vencerán definitivamente, y en esa victoria participará el cosmos entero. Esta lucha viene presentada en una serie de simbolismos que a nuestra mentalidad pueden parecernos bastante lejanos (símbolos de números, de animales, de colores, de partes del cuerpo, etc.). Hay que tener cuidado para no caer en el error de interpretar al pie de la letra esos simbolismos; hay que tratar de buscar el auténtico significado teniendo en cuenta el telón de fondo de la persecución a los cristianos por el imperio romano.

c. *Doctrina.* A lo largo del libro podemos encontrar diversas enseñanzas. Señalamos aquí algunos puntos importantes.

—*Dios Padre* es el único Señor Soberano de la historia humana (4).

—*Su Hijo Jesucristo* es el Cordero inmolado y resucitado (5) que participa ya del poder de su Padre Dios (1,4-8; 5). Por eso ahora es el Señor de señores y el Rey de reyes (17,14;19, 16). Domina al mundo y a las naciones. Es el esposo de la Iglesia, de la Jerusalén celestial (21-22).

—*El Espíritu Santo* es el que exhorta a las Iglesias, animándolas y reprendiéndolas (2-3).

—*Las Iglesias* deben saber escuchar la voz del Espíritu convirtiéndose y purificándose constantemente (2-3). Están llamadas a entender su hora en la lucha constante contra las fuerzas imperialistas del mal, ante las que sufren persecución (12). Deben mantenerse fieles al Cordero y seguirlo a todas partes (11,1-13; 14,1-5). De esta forma la Iglesia se convertirá en la Esposa del Cordero, la Jerusalén celestial, que por la gracia de Dios triunfará definitivamente sobre el Mal (21-22).

3. LOS RESTANTES ESCRITOS

3.1. *La carta a los Hebreos.*

a. *Cuestiones generales.* Originalmente parece ser un sermón (13,22) pronunciado en una o varias ocasiones. Posteriormente se le dio la forma de un escrito. Muy probablemente sus destinatarios eran judeo-cristianos, quizá sacerdotes (cfr. Hech. 6,7), que tuvieron que abandonar la ciudad de Jerusalén, y ahora eran perseguidos en su fe cristiana, y además añoraban el templo y sus ceremonias.

b. *Doctrina.* Ante la perspectiva del exilio en que se encuentran, concibe la vida cristiana como una peregrinación hacia el descanso eterno (3,7-4,13). Ante el desaliento por las persecuciones los anima con la predicación de la esperanza (6,9-20) y de la fe cuyos modelos evoca (11). Ante la añoranza de las ceremonias del templo les hace ver lo que significa el Sacerdocio de Jesús. Es el único escrito del NT que da a Jesús este título (3,1; 4,14; 5,5, etc.), pero haciendo notar que su sacerdocio no es separación ni privilegio, sino honda solidaridad con todos los humanos (2,10-18; 4,15; 5,7-10). El Sacerdocio de Jesús tampoco consiste en ofrecer "cosas", sino en entregar su vida en el cumplimiento de la voluntad de su Padre Dios (10,1-18) y en ser así el verdadero Mediador entre Dios y los hombres, el Pontífice de la Nueva Alianza (7-10). La superioridad de la alianza consiste radicalmente en que Jesús es el Hijo de Dios que está por encima de toda la creación (1-2). La vida del creyente debe caminar en la fe (11), en la esperanza (6,9-20), y en la caridad, es decir, en el servicio y ayuda mutua que es el sacrificio agradable a Dios (13,15-16).

3.2. *La carta de Santiago.* Está dirigida a cristianos provenientes del judaísmo (1,1). Dos temas fundamentales, entre muchos, podemos señalar:

a. *La igual dignidad* que todos tenemos, y por eso nos pide que en nuestras asambleas evitemos la acepción de personas en favor de los ricos (2,1-9); que hagamos a un lado las discordias (4,1-12), las injusticias y la explotación (4,13 - 5,6).

b. La necesidad de una *fe viva* que se demuestre en las obras (2,14-26).

3.3. *Las dos cartas de Pedro.*

a. *La primera carta de Pedro* se dirige a comunidades de Asia (1,1), cristianos gentiles que sufrían persecuciones —no oficiales—, consistentes en calumnias (2,12.15; 3,14.16) y oposiciones (1,6-7; 3,14; 4,12-19; 5,8-10). San Pedro les recuerda su bautismo y las consecuencias que de él se derivan (1,3-2,10), los exhorta a seguir dando testimonio ante el mundo (2,11-4,11) y a perseverar en las dificultades (4,12-19; 5,8-11).

b. La *segunda carta de Pedro*, por el análisis interno de doctrina, vocabulario, dependencia de la carta de Judas, etc., se considera como el último escrito del NT, cronológicamente hablando. No pertenece a Pedro. Entre otros temas toca el referente a la segunda venida de Cristo (3).

3.4. *La carta de Judas.* Quiere prevenir a la comunidad contra los falsos doctores que se han infiltrado entre ella. El autor desacredita su comportamiento: son charlatanes (16), vacíos de espíritu (19), libertinos (4.9-10).

4. CONCLUSION

A través de este análisis somero hemos podido descubrir cómo las diversas cartas y el apocalipsis son un testimonio claro de la forma-
ción de las distintas comunidades. A la vez hemos comprobado cómo se van atacando los distintos problemas que surgen en el seno de cada comunidad, cómo todos los fieles van purificándose y convirtiéndose constantemente hacia Dios y hacia sus hermanos. De esta manera los escritos del NT han ayudado, y son signos, de la formación e interpelación constante de las iglesias.

REFLEXIONES

1.—*El hecho de que Pablo se valiera de las cartas para estar presente en las diversas comunidades cristianas, nos da una idea del celo apostólico de Pablo. ¿Nosotros somos capaces de difundir siempre la Palabra de Dios con nuestro testimonio de vida, con nuestros trabajos y diversas actividades?*

2.—*La vida del cristiano, tal como nos la presenta Juan en su primera carta, ¿qué cuestionamientos trae a nuestra existencia cristiana concreta?*

3.—*¿Ante un mundo dividido por las injusticias y la discriminación qué nos enseña la carta de Santiago con relación a la riqueza y la acepción de personas?*

4.—*En la primera parte del Apocalipsis (1-3) son juzgadas distintas comunidades eclesiales. ¿Qué capacidad tenemos nosotros para juzgar, a la luz de la Palabra de Dios, nuestras actitudes personales y comunitarias?*

LECTURA FINAL

Ap. 2,1-7: *Juicio que el Espíritu hace a la Iglesia de Efeso.*

ACTIVIDADES EN CASA

Preguntas:

1.—El hecho de que algunas cartas no sean del autor que se indica, ¿modifica su carácter inspirado y de Palabra de Dios?

2.—De cada una de las cartas presenta una idea principal o fundamental que se desarrolle en ella.

3.—Señala la doctrina sobresaliente que aparece en el Apocalipsis.

Lecturas selectas

1.—La vida en el Espíritu: Rom. 8; Gál. 5.

2.—Matrimonio y virginidad: 1 Cor. 7; Ef. 5,21 - 6,4.

3.—La oración litúrgica: 1 Tim. 2,1-8.

4.—Sentido de los sufrimientos del cristiano: 2 Tim. 2,1-13; Hebr. 10,32-39; 1 Pe. 4,12-19; Ap. 6,9-11.

5.—La fe y el amor: 1 Jn. 4,7 - 5,13; St. 2, 14-26.

6.—La acepción de personas contraria a Dios: St. 2,1-13.

Salmo para orar: 127 (126): "Si el Señor no construye la casa en vano se cansan los albañiles ...".

TEMA 3: LA IGLESIA PUEBLO PROFETICO: ESCUCHA, PRACTICA Y DIFUNDE LA PALABRA DE DIOS.

LECTURA INICIAL

1 *Tes.* 1,1-10: *Los Tesalonicenses acogen la Palabra de Dios y se convierten en modelo para los demás.*

OBJETIVO DEL TEMA

Captar cuál debe ser nuestra actitud ante la Palabra del Señor. Debemos ser personas oyentes y obedientes a esa Palabra, y de esta manera transformarnos en sus transmisores. Así cumpliremos nuestra vocación profética.

DESARROLLO

1. EL PROFETISMO EN EL AT

En el tercer tema de la Segunda Unidad, expusimos a grandes líneas lo que es el profetismo en Israel. Recordemos brevemente.

1.1. *Misión del profeta*. El profeta es la persona elegida por Dios a quien El comunica su espíritu para que proclame su palabra al pueblo. Por eso se le puede considerar como el hombre de Dios, del espíritu, de la palabra y del pueblo. Dios utilizó a sus siervos los profetas para comunicar al pueblo su palabra de salvación, para denunciar los males y pecados que cometía (cfr. Jer. 7,25; 25,3ss; Hebr. 1,1s).

1.2. *Promesa del profeta.* Dios promete para los tiempos futuros o escatológicos un nuevo profeta semejante y superior a Moisés. (Dt. 18, 15-19). Es cierto que, de acuerdo a lo que ya estaba predicho por Am. 8,11-12 hubo ausencia y hambre de la Palabra de Dios; se acabó el profetismo (cf. Sal. 74,9; 77,9; Ez. 7,26; Lam. 2,9; 1 Mac. 9,27), pero siempre quedó en el pueblo la esperanza del futuro profeta (1 Mac. 4, 46; 14,41; cf. Jn. 1,21; 6,14, etc.).

2. JESUS Y SU MISION PROFETICA

2.1. *Título.* Jesús nunca se autodenomina "profeta", ni reivindica para sí este título. Algunos del pueblo, en cambio, sí lo llaman "profeta" (Mt. 16,14; Lc. 7,16; Jn. 4,19; 7,40.52; 9, 17).

2.2. *Misión.* Jesús, aun cuando no se autodenomina profeta, sin embargo actúa como tal, o más bien, como una persona superior a los profetas, pero que tiene una misión similar (cfr. Mt. 12,41). En efecto:

a. Jesús es la *Palabra* del Padre (Jn. 1,14; Ap. 19,13), es el Hijo por cuyo medio nos ha hablado ahora (Hebr. 1,1ss), es el testigo que nos dice lo que ha visto junto a su Padre (Jn. 1,18; 3,11; 8,38; Ap. 1,5; 3,14), nos transmite sus palabras y enseñanzas (Jn. 3,34; 8,28; 12,47 50; 14,24; 17,8.14).

b. Jesús *anuncia* el Reino de Dios (Mt. 4, 17.23). Para eso él ha sido enviado (Lc. 4,43). Es consciente que su misión es proclamar la Buena Noticia a los pobres y la liberación a los cautivos (Lc. 4,16-22). Su enseñanza es con autoridad, tal como lo reconoce el pueblo (Mc. 1,21-22).

c. Jesús *denuncia* los diversos tipos de pecado, las injusticias, la hipocresía, etc. (Mt. 23). Por eso sabe que su misión es peligrosa y que la suerte que a él le toca es trágica como la de los profetas (Mt. 21,33-46; 23,37; Lc. 13,33-34).

d. Ante Jesús que es la Palabra de Dios y que nos comunica su mensaje, hay que hacer una *opción*: poner en práctica su palabra (Mt. 7,21-27; Lc. 10,16), hacer caso de su doctrina (Jn. 14,23-24), convertirse y creer en la Buena Nueva (Mc. 1,15).

2.3. *Cumplimiento de la promesa.* Por todo esto Jesús es reconocido como el profeta anunciado y prometido en el Antiguo Testamento: Hech. 3,17-24 (cfr. Jn. 1,21; 6,14; 7,40).

3. LA IGLESIA PUEBLO PROFETICO

Desde el momento en que recibimos el Bautismo, todos nos convertimos en profetas, es decir, en personas que debemos escuchar, vivir y difundir la Palabra del Señor (1 Pe. 2,9-10).

3.1. *Escuchar y practicar la Palabra de Dios.*

a. El verdadero discípulo de Jesús *guarda* la Palabra, es decir, hace caso de su mensaje (Jn. 8,31.37; 14,23; 15,7.20; 17,6; Mt. 7,21-27; 13, 3-9.18-23). No se limita a oírla, sino que la lleva a la práctica (St. 1,22-25).

b. *María* es prototipo del discípulo de Jesús porque escucha y pone en práctica la Palabra del Señor (Lc. 2,19.51; 8,19-21; 11,27-28).

3.2. *Ser testigos de Jesús.* Los cristianos debemos ser testigos de Jesús (Hech. 1,8) con nuestras palabras y obras, es decir, con el ejemplo de nuestra vida personal y comunitaria (Mt. 5, 16; 23,3; Jn. 13,14-17.34-35; 17,21).

a. Ser testigos de la *vida, muerte y resurrección* de Cristo (Hech. 2,32; 3,15; 4,33; 5,32; 10,41; 13,31; 22,15; 1 Cor. 15,15), llevando una vida nueva, muriendo al pecado y viviendo para Dios en Cristo Jesús (Rom. 6,1-11), despojándonos del hombre viejo y revistiéndonos del hombre nuevo (Col. 3,9-11), buscando los valores permanentes, no los caducos (Col. 3,1-4).

b. Ser testigos de la *vida divina* manifestada en Jesús y comunicada a todos nosotros para que estemos en comunión con Dios y con nuestros hermanos (1 Jn. 1,1-4).

c. Ser testigos de la *comunión fraterna*: quitando todas las barreras y desigualdades (Gál. 3,28; Col. 3,11), viviendo el amor efectivo como algo distintivo de los cristianos (Jn. 13,34-35; 15,12.17), fomentando y favoreciendo la unidad (Jn. 17,21), defendiendo los derechos y la dignidad de todos los hombres (cfr. Flm.; St. 2,1-9; 4,13-5,6).

3.3. *Proclamar la Palabra con valentía.* Los cristianos estamos llamados a proclamar la Palabra de Dios con valentía no obstante las persecuciones que esto acarrea.

a. Hay que *predicar*, éste ha sido el mandato explícito de Jesús después de la resurrección: "Vayan por todo el mundo... prediquen la Buena Nueva..." (cfr. Mt. 28,19-20; Mc. 16, 15-16).

b. Esta predicación debe llevarse a cabo con *valentía y libertad*, no obstante que algunos quieran impedir que se predique el nombre de Jesús: "Hay que obedecer a Dios antes que a los hombres", dicen los Apóstoles (Hech. 4,19; 5, 29). La libertad y la valentía deben ser notas distintivas de los que proclaman la Palabra del Señor (Hech. 4,13.29.31; 28,31), pues la Palabra de Dios no puede estar encadenada (2 Tim. 2, 9). Las persecuciones son el resultado lógico de esa predicación libre y valiente. El Señor Jesús ya las había predicho (Mt. 10,16-23; Lc. 21,12-19; Jn. 15,20-21; 17,14), y fueron un hecho constatable desde los inicios de la comunidad (Hech. 5,18.29.33.40; 8,1; 12,1-5; 13,50; 16,19-24; 2 Cor. 11,23-25; 2 Tim. 2,8-10; 3,11-12; Ap. 6,9-11; 11, 1-13).

3.4. Ejemplos de esta labor profética.

a. *Esteban*, el primer "mártir" o testigo de Jesús. Con toda libertad y fuerza del Espíritu habla ante los judíos (Hech. 6,8-7,60).

b. *Felipe* que bajo las órdenes del Espíritu se dedica a evangelizar (Hech. 8,4-40).

c. *Pedro* quien, al frente del colegio apostólico, proclama la Palabra del Señor en diversas circunstancias. El y Juan les dicen a los del Sanedrín: "No podemos nosotros dejar de hablar de lo que hemos visto y oído" (Hech. 4,20).

d. *Pablo* que de perseguidor se convierte en intrépido apóstol del Evangelio. "No me envió Cristo a bautizar, sino a predicar el Evangelio" (1 Cor. 1,17). Por ese evangelio sufre cadenas, pero sabe bien que la Palabra no está encadenada (2 Tim. 2,8-10), y que muchos otros sin temor alguno siguen predicando la Palabra (Flp. 1,14).

e. *Juan* el apóstol y evangelista que siendo testigo no puede callar, sino que comunica lo que ha visto, oído y palpado (1 Jn. 1,1-2; Jn. 19,35; 21,24). Sus escritos son muestra de su testimonio.

f. Las *distintas comunidades* que con su palabra, su ejemplo, su vida dan testimonio de Jesús, por ejemplo la comunidad jerosolimitana (Hech. 2,42-47; 4,32-35; 5,12-16), la comunidad de Tesalónica que al acoger la Palabra de Dios se ha convertido en modelo para los creyentes de Macedonia y Acaya (1 Tes. 1,2-10; 2,13-16).

3.5. Carismas y ministerios de la Palabra.
El servicio de la Palabra es el primer objetivo de la misión cristiana (Hech. 6,2.4). Ocupa también el primer puesto en los servicios internos de las comunidades (1 Cor. 12,8; Rom. 12,6-8; Hebr. 13,7; 1 Pe. 4,11) y cuando se forma un cuerpo de ministros la responsabilidad pastoral es ante todo una responsabilidad doctrinal (Ef. 4,11; 1 Tim. 3,2; 4,6.13; 5,17; 2 Tim. 2,2; Tit. 1,9; 2,15; Hech. 20,28-32). Por eso podemos decir que dentro de la comunidad hay diversos carismas en orden a la labor profética o evangelizadora (Ef. 4,11-13; 1 Cor. 14,1-5; 1 Tes. 5,20; Hech. 11,27s; 13,1s; 21,8s; Ap. 10,11; 18,20).

REFLEXIONES

1.—¿Somos conscientes que para lograr nuestra misión profética debemos ser hombres de Dios, del espíritu, de la palabra y de la comunidad? ¿Qué exigencias comporta esto?

2.—El auténtico profeta primero escucha y se esfuerza por poner en práctica la Palabra de Dios. ¿Qué tanta coherencia hay entre lo que nosotros creemos y lo que nosotros vivimos?

3.—La misión profética exige el anuncio y la denuncia unidas a la acción concreta. ¿En nuestras comunidades cristianas qué tanto se da esto? ¿Nos limitamos a puro verbalismo o también actuamos?

4.—El ministerio profético exige libertad y valentía. ¿En nuestras comunidades cristianas qué tan libres somos ante los poderosos del mundo económico, o político, o ideológico?

5.—¿Qué podemos hacer para difundir el estudio y la reflexión en torno a la Palabra de Dios en nuestras familias, en nuestros barrios y comunidades?

LECTURA FINAL

Hech. 5,17-42: Los Apóstoles predican con valentía y sufren persecución en nombre del Señor.

ACTIVIDADES EN CASA

Preguntas:

1.—¿Cómo puedes caracterizar la misión del profeta?

2.—¿En dónde se encuentra la promesa de un profeta futuro?

3.—¿Cómo se cumple en Jesús esta promesa?

4.—¿Por qué decimos que la actividad de Jesús es profética?

5.—¿Cómo podemos los cristianos ser profetas?

6.—¿Qué pensar de las persecuciones a los que predican la Palabra de Dios?

7.—Da algunos ejemplos de personas que desarrollaron la labor profética.

Lecturas selectas

1.—El profetismo en el AT: Is. 61,1-11; Jer. 15,10-21; Ez. 2,1-3,21; Am. 8,11-12; Miq. 3,5-8; Dt. 18,15-19.

2.—Jesús profeta: Lc. 4,16-30; 7,16; Jn. 6, 14; 7,40; 12,47-50; Mt. 7,28-29; Hech. 3,17-24.

3.—La comunidad profética:
—Escuchar y poner en práctica la Palabra: Mt. 7,21-27; Jn. 14,23-36; 1 Tes. 2,13-16; St. 1,16-27.

—Predicar la Palabra: Mc. 16,15-16; Rom. 10,5-18; 1 Cor. 1,17; 2 Tim. 4, 1-8; Hech. 4,18-22; 5,27-33.

—Correr los riesgos anunciados por Jesús: Jn. 15,18-16,4.33; Mt. 10,16-33.

Salmo para orar: 50 (49): "Escucha, pueblo mío, que voy a hablarte; Israel, voy a dar testimonio contra ti —y o, Dios, tu Dios—".

TEMA 4: LA IGLESIA PUEBLO SACERDOTAL: ORA Y CELEBRA EL CULTO DE LA VIDA DIARIA.

LECTURA INICIAL

1 *Pe.* 2,4-10: *Por el bautismo empezamos a ser un pueblo sacerdotal y una nación consagrada a Dios.*

OBJETIVO DEL TEMA

Captar en qué consiste el sacerdocio y el culto de Jesús para así poder entender cuál debe ser nuestro auténtico sacerdocio, nuestro verdadero sacrificio y nuestro culto agradable a Dios.

DESARROLLO

1. EL SACERDOCIO Y EL CULTO EN EL ANTIGUO TESTAMENTO

1.1. *Sacerdocio y culto del pueblo.* Por la Alianza que Dios pactó con su pueblo, Israel quedó constituido en pueblo sacerdotal, consagrado y dedicado a Dios (Ex. 19,3-6; cf. Is. 61, 6). Toda la comunidad debía vivir su sacerdocio tanto en la relación de fidelidad a los preceptos divinos, como en la relación de justicia hacia su prójimo. Desgraciadamente esto no fue una realidad, pues muchas veces el culto se volvió ritualista. Se llegaba a creer que con sólo ofrecer sacrificios de animales a Dios, con sólo decir largas oraciones o acudir al templo, Dios se sentía satisfecho. Se olvidaban que el verdadero Dios exigía también una relación de justicia interhumana, de amor al prójimo, de solidaridad con los más débiles. Por eso los profetas denunciaron ese culto falso —intento de soborno— que Dios vomitaba y aborrecía (Is. 1,10-20; 58,1-12; Jer. 7,1-15; Os. 6,6; Am. 5,21-27; Miq. 6,5-8; cfr. Sir. 34,18-26; Sal. 15; 24,3-6, etc.).

1.2. *Oficio sacerdotal.* Dentro de la comunidad de Israel, que era un pueblo sacerdotal, el oficio y ministerio del sacerdocio se fue monopolizando en la tribu de Leví, y aun dentro de ella en la familia de Aarón. De esta manera el oficio sacerdotal se fue desligando del pueblo y se convirtió en algo separatista. Para ser sacerdote se debía pertenecer a la tribu de Leví, usar vestiduras distintas, llevar una vida aparte y recibir una consagración ritual (cf. Ex. 28-29). También en este caso los profetas criticaron la falta de fidelidad de sus sacerdotes (Os. 4,4-10; Mal. 1,6 - 2,9). Cuando a partir del exilio se acabó la monarquía en Israel, entonces el poderío y la influencia de los sacerdotes creció bastante, hasta el punto que se invierten los factores y los reyes asmoneos ejercen funciones de sumos sacerdotes.

1.3. *Promesa de un sacerdote.* En algunos ambientes judíos, especialmente en Qumrán, se esperaba un Mesías sacerdote (junto con un Mesías rey), de acuerdo a lo que el hombre de Dios le dijo a Elí en 1 Sam. 2,35.

2. JESUS Y SU RELACION AL SACERDOCIO

2.1. *Jesús seglar.* Jesús nunca se atribuye el título de "sacerdote", ni la gente lo llama así porque se le veía y se le consideraba un seglar. En efecto no llenaba los requisitos del sacerdocio del AT: ni pertenecía a la tribu de Leví, ni llevaba una vida separada del pueblo, ni dirigía ofrendas rituales a su Padre.

2.2. *Los escritos del NT.* Ningún escrito del NT (si exceptuamos la carta a los Hebreos) llama a Jesús "sacerdote", si bien es cierto que en ocasiones su vida o actuación vienen descritas en categorías cultuales o sacrificiales, por ejemplo cuando se habla de Cristo como el cordero pascual inmolado (1 Cor. 5,7), o cuando

se nos dice que hay que tener comunión con la Sangre de Cristo (1 Cor. 10,16).

2.3. *La carta a los Hebreos.* Es el único escrito del NT que nos presenta a Jesús como Sacerdote o Sumo Sacerdote (2,17; 3,1; 5,6; 7, 3), pero haciéndonos ver que su sacerdocio no es una separación del pueblo ni por razón de la sangre, ya que tiene nuestro mismo origen, y comparte nuestra misma carne y sangre (2,10-18); ni por razón de la tribu, ya que pertenece a la de Judá de la que nunca se habló en orden al sacerdocio (7,11-14); ni por razón de ceremonias rituales, ya que lo que Jesús ofrece es su propia existencia (10,1-10). El sacerdocio de Jesús consiste en algo radicalmente nuevo y superior:

—En la *fidelidad* a Dios cumpliendo siempre su voluntad y ofreciendo así un sacrificio existencial, no ritualista (10,1-10).

—En la *solidaridad* con todos sus hermanos en todo, menos en el pecado (2,10-18; 4,15). Solidaridad que lo lleva a asumir todas las consecuencias, aun la de morir como un criminal político, eliminado de su sociedad (13,12).

El sacerdocio existencial que Jesús realiza es perfecto, y por eso no es necesario el repetirlo (7,26-28; 9,25-28; 10,11-14). Con su sacrificio se abroga la antigua alianza y se inaugura en su sangre la nueva y definitiva alianza (8,6-13; 9, 15-28).

En base a esto podemos señalar que el sacerdocio de Jesús se mueve en dos líneas fundamentales y complementarias. Por una parte es el culto existencial, la entrega de su vida al cumplimiento de la voluntad del Padre. En este aspecto todos los cristianos estamos llamados a realizar eso. Pero por otra parte el sacerdocio de Jesús es mediación entre Dios y los hombres. Jesús es el único Mediador (1 Tim. 2,5). Jesús es el único Pontífice. En la comunidad cristiana hay algunos que sacramentalizan, es decir, significan —son signos— de esta única mediación de Cristo. Estos son los que ya desde antiguo se llaman "Obispos, presbíteros y diáconos".

3. LA IGLESIA PUEBLO SACERDOTAL

3.1. *Pueblo sacerdotal.* Todos los cristianos, por el bautismo que recibimos, empezamos a ser sacerdotes, a pertenecer a un pueblo sacerdotal, consagrado y dedicado a Dios (1 Pe. 2,5.9; Ap.

1,6; 5,10; 20,6). En el NT se les llama sacerdotes a todos los bautizados, como acabamos de ver en los textos. Nunca se atribuye este título a los apóstoles solamente, o a aquéllos que ejercen alguna función dentro de la comunidad, sino a todo el Pueblo de Dios que es un pueblo sacerdotal en cuanto está llamado a ofrecer en, con y por Cristo su vida diaria como el culto existencial agradable a Dios.

3.2. *Sacerdocio y vida diaria.* A ejemplo de Jesús que ofreció un culto existencial, el cristiano está llamado a consagrar su vida diaria al Señor: "Ahora, hermanos, los invito por la misericordia de Dios que se entreguen ustedes mismos como sacrificio vivo y santo que agrada a Dios: ese es nuestro culto espiritual" (Rom. 12,1). Todas nuestras actividades cuando están animadas por el amor y la solidaridad se convierten en culto a Dios, en "liturgia" agradable al Señor (Flp. 2,17; 3,3; 4,18; Hech. 13,2; 2 Tim. 1,3; 4,6; Hebr. 9,14; 12,28; 13,15-16; 1 Pe. 2,5). Casi al final de la carta a los Hebreos se nos dice: "Por medio de Cristo ofrezcamos continuamente a Dios un sacrificio de alabanza, es decir, el tributo de labios que bendicen su nombre. No se olviden de la solidaridad y de hacer el bien, que tales sacrificios son los que agradan a Dios" (13,15-16).

3.3. *Sacerdocio, oración y sacramentos.* Suponiendo una vida agradable a Dios, podemos hablar que ejercemos nuestro sacerdocio bautismal en la oración y en la recepción de los sacramentos. Si no hay sincero deseo de una vida llena de fidelidad a Dios y de solidaridad entre los hombres, no hay tampoco verdadera oración ni verdaderos sacramentos (cf. Mt. 5, 23-24; 9,13; 15,8-9).

a. *La oración.* Ejercemos nuestro sacerdocio bautismal cuando oramos, sea en lo individual o personal (Mt. 6,5-6), sea en la comunidad donde Jesús se hace presente (Mt. 18,19-20). Lo mismo cuando realizamos nuestra oración litúrgica como lo hacían los primeros cristianos (Hech. 2,42.46; 20,7-11; 1 Cor. 14,14s). Esta oración puede adquirir matices diversos. En ocasiones es de alabanza a Dios por su gloria (Ef. 5.19s; Hebr. 13,15; Ap. 19,5). A veces la oración es acción de gracias por beneficios recibidos de la mano de Dios (Col. 3,17; Flp. 4,6; 1 Tes. 5.17-18: 1 Tim. 2,1). También hay oración cuando pedimos algo (Flp. 4,6), cuando invocamos el perdón (Mt. 6,12; St. 5,16; 1 Jn. 1,8-10), o

cuando intercedemos por los demás (Rom. 15, 30; 1 Tim. 2,1s; Ef. 6,18; 1 Tes. 5,25; St. 1,14. 16). Hay que hacer oración en las distintas situaciones de nuestra vida (St. 5,13-18), sabiendo que el Padre nos escuchará y nos dará su Espíritu (Lc. 11,5-13; Jn. 16,23-27). La oración por excelencia es el Padre Nuestro (Mt. 6,9-13; Lc. 11,2-4).

b. *El Bautismo.* Ejercemos nuestro sacerdocio cuando asumimos realmente el dinamismo del bautismo cuyo significado múltiple lo podemos sintetizar así:

—*Hijos del Padre.* Por el bautismo nacemos a la vida divina (Jn. 3,1-8), comenzamos a ser hijos de Dios (1 Jn. 3,1-2; Rom. 8,14-17), y por eso debemos vivir en el amor, en la luz, en la observancia de los mandamientos (1 Jn.).

—*Miembros de Cristo.* Por el bautismo empezamos a ser miembros de Cristo (1 Cor. 6, 15-20), uniéndonos a su muerte y resurrección haciendo que nosotros muramos al pecado para llevar una vida nueva en Cristo (Rom. 6,3ss; Col. 2,12), despojándonos del hombre viejo y revistiéndonos del hombre nuevo en Cristo (Rom. 6,6; 13,14; Gál. 3,27; Ef. 4,20-24; Col. 3,9-10).

—*Santuario del Espíritu.* Por el bautismo somos santuario de Dios y templos vivos del Espíritu (1 Cor. 3,16-17; 6,19; 2 Cor. 6,16; Ef. 2,20-22).

—*Miembros del Cuerpo.* Por el bautismo entramos a formar parte de la comunidad cristiana (Hech. 2,38.41; 8,36-39; 9,18; 10,47-48). Somos miembros de un mismo cuerpo (1 Cor. 12, 12-30; Rom. 12,4-5), rompemos las barreras que nos dividen y formamos un solo hombre en Cristo Jesús (Gál. 3,28; Col. 3,11).

c. *La Eucaristía.* Al celebrar la Eucaristía o Cena del Señor (1 Cor. 11,20.33) estamos también ejerciendo nuestro sacerdocio bautismal. Ya que en la Eucaristía o Fracción del Pan (Hech. 2,42.46; 20,7):

—Nos *alimentamos* del Pan de Vida (Jn. 6, 27.32-34.48-58).

—*Recordamos* y hacemos presente la muerte y resurrección del Señor anhelando su retorno glorioso (1 Cor. 11,26; Lc. 22,19).

—Entramos en *comunión* con Cristo y con nuestros hermanos (1 Cor. 10,14-22; 11,17-34), de tal forma que si no vivimos la unión fraterna no estamos celebrando ya la Cena del Señor (1 Cor. 11,17-22). La división y la acepción de personas son contrarias al misterio de unidad y comunión que celebramos (cf. St. 2,1-9).

REFLEXIONES

1.—*¿Nuestra vida diaria está animada por la caridad y la solidaridad, de tal forma que se convierta en culto agradable al Señor?*

2.—*¿En qué ocasiones en nuestras comunidades intentamos sobornar a Dios con un culto desprovisto de la relación auténtica hacia el hermano?*

3.—*¿Cuál es el dinamismo bautismal que se vive en nuestras comunidades: muerte con Cristo y resurrección con él, o una simple etiqueta cristiana que no transforma nuestra existencia?*

4.—*¿Nuestras Eucaristías o celebraciones de la Misa qué tanto son signo de unidad, y qué tanto comprometen nuestra existencia diaria, o se quedan en un simple ritualismo?*

LECTURA FINAL

Rom. 12,1-13: El verdadero culto agradable a Dios.

ACTIVIDADES EN CASA

Preguntas:

1.—¿Qué acontecimiento del AT hace que todo el pueblo sea sacerdotal?

2.—¿Por quiénes y cómo se ejercía el oficio sacerdotal en el AT?

3.—¿Por qué Jesús, en su sociedad, no era sacerdote, sino seglar?

4.—¿En cuál escrito se habla del sacerdocio de Cristo?

5.—¿En qué consiste la novedad del sacerdocio de Jesús?

6.—¿Cuál es el sacramento que a nosotros nos hace sacerdotes?

7.—¿Por qué la vida diaria puede ser culto agradable a Dios?

8.—Señala algunos de los significados del Bautismo.

9.—¿La Eucaristía qué aspectos contiene?

Lecturas selectas

1.—Pueblo sacerdotal y culto en el AT: Ex. 19,3-8; Is. 61,6; 58,1-12; Sir. 34,18-26.

2.—Ministerio sacerdotal en el AT: Gén. 14, 17-24; Lev. 8,10; Núm. 18,1-24; Dt. 18,1-8; 1 Sam. 2,35; Os. 4,4-10; Mal. 1,6 - 2,9.

3.—Jesús Sumo Sacerdote: Hebr. 2,10-18; 4,14 - 5,10; 7,26-28; 8,1-5; 9,11-28; 10,1-18.

4.—Iglesia pueblo sacerdotal: Ap. 1,4-8; 5, 6-10.

5.—El culto de la vida diaria: Mt. 5,23-24; 9,13; 15,8-9; 2 Tim. 4,6-8; Hebr. 13,15-16.

6.—La oración: Mt. 6,5-13; 18,19-20; Lc. 11, 1-13; 18,9-14; Flp. 4,6.

7.—Bautismo y Eucaristía: Jn. 3,1-21; 6; 1 Cor. 11,17-34; 10,14-22; St. 2,1-9; Gál. 3,26-29.

Salmo para orar: 15 (14): "Señor, ¿quién puede hospedarse en tu tienda y habitar en tu monte santo?"...

TEMA 5: LA IGLESIA PUEBLO SERVIDOR: VIVE PARA EL AMOR Y LA SOLIDARIDAD.

LECTURA INICIAL

Mt. 20,20-28: Función servidora de los apóstoles dentro de la comunidad, a ejemplo de Jesús.

OBJETIVO DEL TEMA

A la luz de Jesús, el Hijo de Dios, que se hizo nuestro Siervo, descubrir lo que significa y exige de nosotros el ser un pueblo servidor.

DESARROLLO

1. LA REALEZA EN EL AT

Nos remitimos a lo que ya expusimos en el tema tercero de la Tercera Unidad. Aquí recordamos algunos aspectos.

Sobre todo ante el fracaso de la monarquía dentro del Pueblo de Dios, una de las promesas del AT es el reinado de Dios sobre todas las naciones (Zac. 14,9; Is. 24,23) para implantar la justicia y el derecho, para defender a los oprimidos (cfr. Sal. 72,4.12-15; Is. 9; 11; 29,20; 61,1ss). Por eso muchas veces la figura del Mesías viene presentada como la figura de un Rey del linaje de David (Jer. 23,5-6; Is. 11) o de un Pastor (Ez. 34,23ss).

2. JESUS Y SU FUNCION REGIA O SERVIDORA

2.1. *Jesús es el Rey prometido.* Jesús con su predicación y su actuación viene a instaurar el Reinado de Dios (Mt. 4,17.23-25). Por eso es el Rey prometido (cf. Mt. 21,1-11; Jn. 12,12-16; Jn. 18-19). Pero no es un rey que utiliza los medios de poder o prestigio (Mt. 4,1-11; Lc. 4,

1-13), o que reina al estilo y conforme a los criterios de este mundo (Jn. 18,36; 6,15), sino que su reinado se realiza en la capacidad de servirnos (Mt. 20,20-28) y de dar su vida por nosotros (Jn. 15,13). Su reinado es de verdad, amor, justicia y liberación (Lc. 4,16-30; 6,20-26).

2.2. *Jesús es el Siervo de Dios*. En Jesús se cumplen las profecías del Siervo de Yahvéh (Is. 42,1-9; 49,1-6; 50,4,11; 52,13 - 53,12; cf. Mt. 12, 15-21). El servicio que realiza Jesús es a través de toda su vida, de sus palabras y obras que culminan con la entrega hasta la muerte. El lavatorio de los pies hace ya "significativa" su entrega y servicio (Jn. 13,1-20). "El Hijo del hombre no ha venido a ser servido, sino a servir y dar su vida en rescate por muchos" (Mt. 20,28; cf. Lc. 22,27; Jn. 13,12-16). Su servicio lo lleva al extremo de hacerse "pecado" (2 Cor. 5,21) y "maldición" por nosotros (Gál. 3,13).

a. Es servidor de la *unidad* (Jn. 11,49-52), haciendo que superemos todas las barreras que nos dividen (Gál. 3,28; Col. 3,11).

b. Es servidor de la auténtica *reconciliación* (2 Cor. 5,18-21; Ef. 2,11-18), de la verdadera paz, la felicidad perfecta y la total liberación, no la paz ficticia que da el mundo, la paz de las "componendas" y de los "arreglos" (Jn. 14,27). La paz que Jesús nos trae significa muchas veces dejar clara la división existente, pues sólo a partir de ella se podrá conseguir la reconciliación (cfr. Lc. 12,51-53).

2.3. *Jesús es el Pastor*. Jesús es el Pastor que conoce, ama y da la vida por sus ovejas (Jn. 10,11-18). Jesús es el Maestro y Señor (Jn. 13,13) que llama a sus discípulos amigos (Lc. 12,4; Jn. 15,15) y hermanos (Mt. 28,10; Jn. 20, 17).

3. LA IGLESIA PUEBLO SERVIDOR

3.1. *Servidores como el Maestro*. Los discípulos de Jesús no somos mayores que el Maestro (Jn. 13,16; 15,20; Mt. 10,24; Lc. 6,40). Si Jesús fue un servidor, con más razón debemos serlo nosotros (Mt. 20,20-28). Por eso necesitamos hacernos esclavos de los demás en el amor, principalmente si desempeñamos alguna función dentro de la comunidad (Mc. 9,35; Mt. 20,26-27; Jn. 13,14-15); debemos convertirnos en niños y pequeños (Mt. 18,1-4; Mc. 10,15; Lc. 18,17; Mt. 19,13-15). Para que esto sea una realidad en la comunidad, es necesario que evitemos todo aquello que signifique ambición (Mt. 18,1-4), poder (Mt. 20,25-28) y títulos honoríficos (Mt. 23,8-12).

3.2. *Servidores de Dios*.

a. Servidores de Dios, no de los *ídolos* como son el poder, la fama o el dinero: "Nadie puede estar al servicio de dos amos, porque aborrecerá a uno y querrá al otro, o bien se apegará a uno y despreciará al otro. Ustedes no pueden servir a Dios y al dinero" (Mt. 6,24; cf. Lc. 16,13; Ef. 5,5; Col. 3,5). Ninguno de los valores de este mundo los podemos absolutizar y colocar en lugar del único Dios.

b. Servidores de Dios y de su Hijo *Jesucristo* significa que no podemos dejarnos oprimir por nada ni por nadie, sino que sólo reconocemos a Jesús como nuestro único Señor, en contra de todos los poderes, autoridades, o sistemas que quieran imponerse (Hech. 2,36; 4,19; 5,29; Ap. 4-5; 17,14; 19,16). Este Señorío de Cristo es el fundamento de la igualdad entre todos nosotros (1 Cor. 3,21-23; Rom. 14,7-13).

c. Servidores de Dios en el *amor*. Puesto que ya no somos siervos, sino amigos (Jn. 15, 15) y hermanos (Jn. 20,17) de Jesús, debemos servir a Dios no con temor, sino con amor acudiendo a El como hijos (cf. Rom. 6-7; Gál. 4). "La prueba de que son ustedes hijos es que Dios ha enviado a nuestros corazones el Espíritu de su hijo que clama 'Abbá, Padre'. De modo que ya no eres esclavo, sino hijo; y si hijo, también heredero por voluntad de Dios" (Gál. 4, 6-7).

3.3. *Servidores de nuestros semejantes*. Los discípulos de Jesús debemos servir a nuestros semejantes, a nuestro prójimo (Lc. 10,25-37), hacernos esclavos de los demás por amor a ellos (Mt. 20,26-28; Gál. 5,13; 1 Pe. 4,10; 1 Cor. 9, 22). Servir, sobre todo, a los marginados, a los más pobres y débiles, en quienes de una forma más singular está presente Nuestro Señor Jesucristo (Mt. 25,31-46; Mc. 9,37; Mt. 10,42). Servir a nuestros semejantes en distintos aspectos, como por ejemplo:

a. Servirlos en la *caridad* y en el *amor* (1 Cor. 13; 1 Jn. 2,7-11; 3,11-24; 4,7 - 5,13; Rom. 12, 9-21; 13,8-10). Como nos dice S. Pablo: "A nadie le queden debiendo nada, fuera del amor mutuo, pues el que ama al otro tiene cumplida la Ley" (Rom. 13,8).

b. Servir al prójimo poniendo *en común los bienes* y ayudándonos mutuamente, a ejemplo de la comunidad primitiva (Hech. 2,42.44-45; 4,32-37) y a ejemplo de las Iglesias que se socorrían a través de las colectas (2 Cor. 8-9; 1 Cor. 16,1; Rom. 15,26-28; Gál. 2,10; Hech. 24, 7). Pablo dice expresamente: "No es que se lo mande; les hablo del empeño que ponen otros para comprobar si su caridad es genuina; porque ya saben lo generoso que fue nuestro Señor, Jesús el Mesías: siendo rico, se hizo pobre por ustedes para enriquecerlos con su pobreza" (2 Cor: 8,8-9).

c. Servir al prójimo en la *Unidad* (Flp. 2, 1-11; Ef. 4,1-6).

—Rompiendo las *barreras* étnicas, sociales, económicas y sexuales que nos dividen (Gál. 3,28; Col. 3,11).

—Sabiéndonos *solidarios*, miembros de un mismo cuerpo (1 Cor. 12,12-30; Rom. 12,4-5).

—Poniendo nuestros *dones*, carismas o cualidades al servicio de los demás (1 Cor. 12,4-11; Ef. 4,1-6).

d. Servir al prójimo *reconciliándonos* mutuamente y con Dios (2 Cor. 5,18-20; Col. 1,20-22; Ef. 2,11-22).

A través de todas estas formas estamos realizando nuestra vocación de ser un pueblo servidor de Dios y de nuestros hermanos.

REFLEXIONES

1.—*¿En qué medida se comprueba que los gobernantes y los encargados de las comunidades velan o no por la defensa de los pobres y explotados?*

2.—*¿Como Iglesia renunciamos nosotros al poder, al prestigio y al dinero para seguir el ejemplo de servicio que Cristo nos da?*

3.—*¿En la vida diaria cómo mostramos nuestra idolatría a los valores terrenales?*

4.—*¿Cómo podemos servirnos en el amor y en la unidad?*

5.—*¿Los pastores nos convertimos en servidores de los hermanos, o nos servimos de ellos y los explotamos?*

LECTURA FINAL

Hech. 20,17-38: *Pablo se despide de los presbíteros de Efeso recordando el servicio que ha prestado a la comunidad.*

ACTIVIDADES EN CASA

Preguntas:

1.—¿El Mesías Rey o Pastor qué funciones va a desempeñar en el pueblo y por qué?

2.—¿Cuáles son las características del reinado de Jesús?

3.—¿Cómo realiza Jesús su servicio de unidad y de reconciliación?

4.—¿Por qué Jesús es el Pastor?

5.—¿Por qué nosotros debemos ser servidores?

6.—¿Qué significa servir a Dios y no a los ídolos?

7.—¿Qué implica el reconocer el dominio de Cristo?

8.—¿Por qué podemos servir a Dios en un clima de amor y de confianza?

9.—¿En qué líneas o aspectos podemos servirnos unos a otros?

Lecturas selectas

1.—El pastoreo en el AT: Jer. 23,1-6; Ez. 34.

2.—Jesús Pastor, Rey y Servidor: Mt. 4,1-11; 12,15-21; Jn. 10,11-18; 13,1-20; Mc. 10,45.

3.—La Iglesia pueblo servidor: Lc. 6,27-38; 10,29-37; 17,7-10; Mt. 18,15-18.21-22; Hech. 4, 32-35; Rom. 13,8-10; 1 Cor. 13; Ef. 4,1-6; Tit. 2; Flm.; 1 Pe. 5,1-4.

Salmo para orar: 23 (22): "El Señor es mi pastor, nada me falta...".

TEMA 6 LA IGLESIA PUEBLO PEREGRINO: EN MARCHA HACIA EL ENCUENTRO DEFINITIVO CON EL SEÑOR JESUS.

LECTURA INICIAL

2 *Tim. 4,6-8: Pablo a punto de finalizar su peregrinación terrena: recuerdo y esperanza en el Señor.*

OBJETIVO DEL TEMA

Cobrar conciencia que debemos comprometernos en la responsabilidad de construir en este mundo el Reino de Dios, sabiendo que somos un pueblo peregrino, en marcha hacia el encuentro definitivo con el Señor Jesús.

DESARROLLO

1. LA IGLESIA PUEBLO PEREGRINO

Como el pueblo de Dios en el Antiguo Testamento que estuvo peregrinando durante cuarenta años en el desierto, así también nosotros, nuevo pueblo de Dios, somos peregrinos en este desierto, en este mundo (cf. Ap. 12) y nos dirigimos al descanso definitivo, al encuentro del Señor Jesús (Hebr. 3,7 - 4,11).

Los cristianos somos "extranjeros" de este mundo (1 Pe. 1,1; 2,11), ya que vamos en búsqueda de la verdadera patria (Hebr. 11,16; 13,14), de la Jerusalén celestial (Hebr. 12,22-24). En este nuestro caminar estamos guiados por el mismo Jesús (Hebr. 2,10; 6,20), que ha vencido ya la prueba del desierto (Mt. 4,1-11).

Porque estamos en un continuo peregrinar, la vida cristiana viene presentada como una "carrera" (1 Cor. 9,24-27; 2 Tim. 4,7), y hasta se le llama de una manera absoluta "el Camino" (Hech. 9,2; 18,25-26; 19,9.23; 22,4; 24,14.22).

2. EXIGENCIAS DEL SER PEREGRINOS

2.1. *Estar en vela*. Los cristianos debemos estar despiertos y vigilantes para descubrir la presencia de Dios en nuestra vida y en nuestra historia, para saber discernir los signos de los tiempos (Mt. 16,1-4; Lc. 12,54-59). A la vez, con firmísima esperanza, necesitamos prepararnos para el encuentro definitivo con el Señor. Esta actitud de vigilancia, como lo señalan las parábolas y otros textos, debe invadir nuestra existencia total (Mt. 24,32-25,13; Mc. 13,33-37; Lc. 12,35-40; 21,34-36; 1 Tes. 5,6-8; 1 Pe. 5,8).

2.2. *Buscar los valores del Reino*. Ser peregrinos implica el que no pertenezcamos al "mundo", es decir, a los supuestos valores que son contrarios al Reino de Dios (cf. Jn. 15,19; 17, 14-16; 18,36-37). No dejarnos seducir por los ídolos como son la codicia y el dinero (Ef. 5,5; Col. 3,5; 1 Tim. 6,17-19). Saber desprendernos, dándonos cuenta que el tiempo es corto (1 Cor. 7,29-31). Estar de paso en este mundo es poner nuestra mirada en el Señor, orientar toda nuestra existencia hacia el encuentro del Señor (2 Cor. 5,6; Flp. 3,12-14), buscar las cosas de arriba, no las de la tierra (Col. 3,1-4), pero a la vez sin desatendernos de nuestras responsabilidades terrenas (2 Tes. 3,10-12), sino construyendo ya desde aquí el Reino de Dios y anhelando su plenitud, dando así razón de nuestra esperanza (1 Pe. 3,15).

2.3. *Estar en búsqueda*.

a. Aceptando caminos de *encarnación*, siendo capaces de asumir los distintos valores que se dan en las diferentes culturas, de acuerdo a la variedad de tiempos, lugares y razas (cf. Hech. 17,22-23; Flp 4,8; 1 Tes. 5,21). No podemos estar aferrados a una sola cultura o a un tiempo o a un lugar, pues confesamos ser ciudadanos del cielo (Flp. 3,20), que no tenemos aquí una ciudad permanente (Hebr. 13,14).

b. Aceptando el *riesgo y la inseguridad* sin instalarnos en la comodidad o en la falsa seguridad, sabiendo que estamos viviendo un momento pasajero —aun la misma Iglesia no es sino un momento provisional del Reino de Dios—. Ser caminante es aceptar a Jesús como guía (Hebr. 2,10; 6,20), ya que él es el verdadero camino (Jn. 14,6), es darnos cuenta que vamos en el camino que él siguió: persecuciones como condición normal del cristiano (Hech. 14,22), odios e incomprensiones (Jn. 15,18-27), y hasta asesinatos: "Es más, llegará el día en que los maten pensando que así dan culto a Dios" (Jn. 16,2).

c. Aceptando la continua *conversión*, pues el pecado atraviesa profundamente nuestro ser y nuestra sociedad. En cada uno de nosotros y en la comunidad entera está la cizaña que debe ser arrancada (Mt. 13,24-30.36-43), los peces malos que deben ser arrojados al mar (Mt. 13, 47-50). Somos una Iglesia pecadora, llamada a la renovación y purificación constantes. Caemos continuamente en faltas (St. 3,2) y por eso necesitamos de la misericordia divina pidiéndole: "perdónanos nuestras deudas" (Mt. 6,12).

3. ANHELAMOS EL RETORNO DEL SEÑOR JESUS

3.1. *"Ya" y "aún no"*. Nosotros "ya" nos encontramos en la plenitud de los tiempos (1 Cor. 10,11), "ya" hemos recibido el Espíritu Santo que es "garantía de nuestra herencia" (Ef. 1, 14), "ya" poseemos el nombre de hijos de Dios y en realidad lo somos (1 Jn. 3,1), pero "aún no" se ve lo que vamos a ser cuando Jesús se manifieste (1 Jn. 3,2), "aún no" se ha realizado nuestra manifestación con Cristo en la gloria (Col. 3,4). Debido a esta tensión estamos, como ya lo señalamos, en vela, en camino, en búsqueda y en constante conversión.

3.2. *"Ven Señor Jesús"* (Ap. 22,20; 1 Cor. 16,22).

a. *El Reinado de Dios*. Sabemos que al final de los tiempos Jesús volverá para entregar su Reino al Padre habiendo ya destruido y vencido definitivamente el mal en sus distintas manifestaciones (1 Cor. 15,24-28). Se cumplirán así las promesas hechas ya desde el AT (Is. 25,6-12; 65.17-25; 66,18-24). Serán entonces las bodas del Cordero con la Jerusalén celestial (Ap. 21-22).

b. *El juicio de Dios*. Los cristianos sabemos que al final de los tiempos nos juzgará el Señor (cf. Jn. 5,22-27; Hech. 10,42; 2 Tim. 4, 1) y que el criterio definitivo para el juicio es el amor fraterno y la solidaridad especialmente con los marginados (Mt. 25,31-46; 1 Jn. 3,14) y la aceptación viva de la Palabra del Evangelio (Jn. 12,48; Mt. 7,21-27; Lc. 6,46-49; 1 Tes. 2,13). Confiados en su misericordia esperamos participar en el banquete mesiánico (Mt. 22,1-14; 25,1-13).

c. *Nuestro anhelo.* Somos conscientes que nuestra vida cambia y se modifica si somos capaces de esperar con amor la parusía o retorno definitivo del Señor Jesús (1 Tes. 5,23; St. 5, 7s; 2 Pe. 3,4.11-12; 1 Jn. 2,28). Por eso "con fe firme aguardamos 'la esperanza bienaventurada y la llegada de la gloria del gran Dios y Salvador nuestro Jesucristo' (Tit. 2,13), 'quien transfigurará nuestro abyecto cuerpo en cuerpo glorioso semejante al suyo' (Flp. 3,21) y vendrá para ser glorificado en sus santos y mostrarse admirable en todos los que creyeron' (2 Tes. 1,10)" (Lumen Gentium —LG— 48).

Con los pies en la tierra y los ojos en el cielo "de acuerdo con su promesa, aguardamos un cielo nuevo y una tierra nueva en los que habite la justicia" (2 Pe. 3,13). Y mientras decimos al Padre: "Venga tu reino" (Lc. 11,2), impulsados por el Espíritu clamamos: "Ven Señor Jesús" (Ap. 22,20), "Ven, Señor" "Marana tha" (1 Cor. 16,22).

REFLEXIONES

1.—¿Al ser una Iglesia peregrinante podemos como cristianos desatendernos de este mundo, de las responsabilidades que aquí tenemos, para poder pensar sólo en el cielo?

2.—¿Podemos como cristianos aferrarnos a este mundo, de tal forma que consideremos como valores absolutos las cosas de este mundo? ¿Cómo compaginar esto con nuestras responsabilidades en la tierra?

3.—¿Nosotros y nuestras comunidades qué tan capaces somos de descubrir la presencia de Dios en los signos de los tiempos que nos piden una actitud de continua vigilancia?

4.—Como Iglesia peregrina ¿estamos en constante actitud de renovación, de búsqueda, de conversión, o somos más bien una Iglesia instalada y comodina que no se arriesga a buscar nuevos caminos en el Señor?

LECTURA FINAL

Ap. 22: El triunfo definitivo al final de los tiempos: anhelo y esperanza de la Iglesia.

ACTIVIDADES EN CASA

Preguntas:

1.—¿Por qué somos peregrinos en este mundo?

2.—¿Qué implica la actitud de vigilancia?

3.—¿Cómo podemos buscar los valores del Reino?

4.—¿Qué aspectos comporta el estar en continua búsqueda?

5.—¿Qué significa el "ya" y el "aún no" de nuestra salvación?

6.—¿En qué consiste el reinado definitivo de Dios?

7.—¿En base a qué será el juicio de Dios sobre nosotros?

8.—¿Cuál es nuestro auténtico anhelo del retorno del Señor?

Lecturas selectas

1.—El retorno de Jesús y la vigilancia: Mt. 24-25; Lc. 12,54-59; 13,6-9; 17,22-37; 1 Tes. 4, 13-5,11.

2.—Carácter peregrinante de la comunidad: 1 Cor 7,29-31; 2 Cor. 5,6-10; Flp. 3,1-4,1; Hebr. 3,7-4,11; Ap. 12.

3.—El triunfo definitivo: 2 Pe. 3,3-10; Ap. 21-22.

Salmo para orar: 122 (121): "Qué alegría cuando me dijeron: 'Vamos a la casa del Señor'...".

APENDICES

1 : SINTESIS DE LA HISTORIA DE LA SALVACION.

2 : MARCO HISTORICO DEL MINISTERIO DE JESUS.

3 : ESQUEMA DE ALGUNOS LIBROS BIBLICOS.

APENDICE I: SINTESIS DE LA HISTORIA DE LA SALVACION

A.—PRIMERA ETAPA: CREACION Y ORIGENES

1.—Cronología: ??

2.—Libros en que se narra: Génesis 1-11.

3.—Acontecimientos: Origen del mundo, del hombre, del bien y del mal; de las culturas y costumbres, etc.

4.—Personajes claves: Dios (lo supondremos en cada una de las etapas, aunque ya no se le mencione), Adán, Eva, Caín, Abel, Set, Noé, etc.

5.—Sentido: Dios crea bien las cosas; el hombre se rebela contra Dios. Israel se entronca con la humanidad entera.

6.—Creación literaria: ninguna.

B.—SEGUNDA ETAPA: PERIODO PATRIARCAL

1.—Cronología: hacia 1850-1650 a.C.

2.—Libros en que se narra: Génesis 12-50.

3.—Acontecimientos: Vocación de Abraham, llegada a Canaán, nacimiento de su hijo Isaac, heredero de las promesas. A éste le sucede su hijo Jacob, preferido por Dios, y no su primogénito Esaú. Nacimiento de los 12 hijos de Jacob. Historia de José. Asentamiento de todos los hijos de Jacob con su padre en Egipto. Silencio bíblico (1650-1250).

— 4.—Personajes claves: Abraham, Isaac, Jacob y sus doce hijos, en especial José.

5.—Sentido: Elección gratuita de parte de Dios hacia los Patriarcas. Promesas divinas: tierra, descendencia y bendición. Alianza de Dios con los antepasados de Israel. Respuesta de los Patriarcas.

6.—Creación literaria: Tradiciones orales (continúan durante todas las etapas, aunque ya no las mencionemos).

C.—TERCERA ETAPA: EXODO, LIBERACION, ALIANZA Y DESIERTO

1.—Cronología: hacia 1250 a 1230 a.C.

2.—Libros en que se narra: Ex., Lev., Núm. y Dt.

3.—Acontecimientos: Opresión en Egipto. Vocación de Moisés y revelación del nombre de Dios. Liberación; marcha por el desierto; alianza y formación del pueblo; infidelidades de Israel ante su Dios, Moisés muere.

4.—Personajes claves: Moisés, Aarón, el Faraón y el pueblo.

5.—Sentido: Dios se revela como el que cumple las promesas patriarcales, y no permanece neutral ante las injusticias, sino que toma partido por el oprimido liberándolo de la esclavitud. La Alianza o compromiso entre Dios y el pueblo será uno de los temas centrales de la Biblia. En el desierto Dios muestra cuidado por su pueblo, éste se rebela constantemente.

6.—Creación literaria: La Alianza fundamental se pone por escrito.

D.—CUARTA ETAPA: CONQUISTA Y JUECES

1.—Cronología: hacia 1230 al 1030 a.C.

2.—Libros en que se narra: Jos.; Jc.; 1 Sam. 1-7.

3.—Acontecimientos: Bajo el mando de Josué, sucesor de Moisés, el pueblo cruza el Jordán, conquista Jericó y las demás ciudades. Se reparte la tierra entre las doce tribus de Israel. A la muerte de Josué, el pueblo olvida la Alianza con su Dios pecando; pueblos extranjeros, como castigo de Dios, los oprimen, y sólo cuando el pueblo de Israel se arrepiente, Dios suscita jueces que son los libertadores. En esta época las tribus están unidas religiosamente, aunque no políticamente.

4.—Personajes claves: Josué, los Jueces mayores y menores. Samuel.

5.—Sentido:

a.—Conquista: Dios, fiel a sus promesas, da la tierra que el pueblo tiene que conquistar.

b.—Epoca de los jueces: pecado, castigo, arrepentimiento y liberación.

6.—Creación literaria:

E.—QUINTA ETAPA: LA MONARQUIA

1.—Cronología: 1030 al 931 a.C.

2.—Libros en que se narra: 1 Sam. 8-1 Re. 11; 1 Cr. 8-2 Cr. 9.

3.—Acontecimientos:

a.—Surge la monarquía como petición del pueblo y/o como don de Dios. Saúl el primer ungido por Samuel. Infidelidad de éste.

b.—David, sucesor de Saúl, unifica a todas las tribus. Conquista Jerusalén y traslada allí el Arca de la Alianza. Desea construir un templo, Dios no se lo permite; en cambio, le promete una dinastía perpetua en el trono de Judá = mesianismo davídico. Pecado y arrepentimiento de David.

c.—Salomón, sucesor de David, continúa el engrandecimiento del reino unido. Famoso por su sabiduría. Construye y consagra el Templo a Dios en Jerusalén. Impone fuertes tributos al pueblo, sobre todo a los del Norte.

4.—Personajes claves: Los tres reyes: Saúl (1030-1010); David (1010-971); Salomón (971-931). Samuel. El profeta Natán.

5.—Sentido: La monarquía viene presentada en la Biblia en dos formas opuestas: como una rebelión del pueblo que no quiere tener a su Dios como rey, sino que desea ser igual que las demás naciones. Por otra parte la misma Biblia la presenta como un don de Dios.

6.—Creación literaria:

a.—La tradición Yahvista (J) en el sur, siglo X.

b.—La historia de la sucesión de David: 2 Sam. 9-20; 1 Re. 1-2.

F.—SEXTA ETAPA: DIVISION DE LOS REINOS

1.—Cronología: 931 al 586 a.C.

2.—Libros en que se narra: 1 Re. 12-2 Re. 25; 2 Cr. 10-36.

3.—Acontecimientos: A la muerte de Salomón se da el cisma político-religioso, dividiéndose así los reinos. En esta época surge el profetismo clásico. Al final de esta etapa se acaba la monarquía. El pueblo ya no recobrará su independencia.

a.—Reino de Israel o del Norte (931-722), cuya capital fue Siquem, luego Tirsa, y por último Samaria. Comprende casi 10 tribus. Sus 19 reyes, iniciando con Jeroboam, no son de la familia de David. Sus centros religiosos fueron Betel y Dan. Profetas no escritores: Elías y Eliseo (s. IX); profetas escritores: Amós y Oseas (s. VIII). Los Asirios destruyeron el Reino en el 722. Deportación y venida de colonos extranjeros.

b.—Reino de Judá o del Sur (931-586), cuya capital política y religiosa fue Jerusalén. Comprende prácticamente 2 tribus. Sus 19 reyes iniciando con Roboam, pertenecen a la familia de David. Sus profetas escritores en el s. VIII: Isaías I (1-39) y Miqueas. En el siglo VII surgen como profetas: Sofonías, Jeremías (s. VII-VI), Nahúm y Habacuc. Un hecho importante es el hallazgo del Libro de la Ley en el 622 y la centralización del culto en Jerusalén decretada por Josías. Los Babilonios destruyen el imperio Asirio (612), deportan a judíos (597), conquistan y destruyen Jerusalén (586). Fin del reino del Sur, y segunda deportación.

4.—Personajes claves: los reyes, los profetas, los imperios.

5.—Sentido: El pueblo se va apartando paulatinamente de la Alianza. Los profetas preexílicos recriminan los diversos pecados al pueblo, pero éste desoye la voz de Dios. Tan grande es la infidelidad, que Dios tiene que castigar a su pueblo con la destrucción de su propia obra y con el exilio.

6.—Creación literaria:

a.—Tradición elohista (E), siglo VIII en el Norte.

b.—Tradición deuteronómica (D), cfr. año 622.

c.—Tradición profética.

G.—SEPTIMA ETAPA: EL EXILIO

1.—Cronología: 597 ó 586 al 539 a.C.

2.—Libros en que se narra: Jer; Ez; Is. II (40-55).

3.—Acontecimientos importantes: el pueblo ha perdido patria, rey, templo, etc. Desaliento. Reflexión y renovación. Surgen los profetas: Ezequiel, Isaías II. La tradición sacerdotal insiste en el culto y la ley. La tradición deuteronomista pone su énfasis en la Alianza. Perspectivas de salvación al surgir Ciro, rey de Persia.

4.—Personajes claves: Ezequiel, Isaías II; imperios babilónico y persa.

5.—Sentido: Castigo de Dios por las fallas del pueblo a la Alianza. Reflexión profunda del pueblo que lo lleva a emprender el camino de la conversión. Manifestación amorosa de la gracia y misericordia de Dios que realizará una nueva Alianza, dándoles un nuevo corazón y un nuevo espíritu.

6.—Creación literaria:

a.—La tradición Sacerdotal (P) que se completa en el post-exilio.

b.—La obra histórica deuteronomista: Jos-Jc-1 y 2 Sam. 1 y 2 Re. (prologados por el Dt.).

c.—Tradición profética.

H.—OCTAVA ETAPA: LA RESTAURACION Y EPOCA PERSA

1.—Cronología: 539 al 333 a.C.

2.—Libros en que se narra: Esdras; Nehemías; Ageo; Zacarías I (1-8).

3.—Acontecimientos:

a.—Decreto de Ciro, rey de Persia, permitiendo el retorno de judíos a Jerusalén (538), finalizando el exilio.

b.—Bajo el impulso de Ageo y Zacarías I en el año 520 empieza la reconstrucción del templo. Hacia la mitad del siglo V Esdras —sacerdote— y Nehemías —gobernador— continúan la obra de restauración moral y material. Profetismo postexílico.

c.—El culto y la ley son el centro de atención de los judíos.

d.—El movimiento sapiencial cobra auge en esta época.

4.—Personajes claves:
a.—Profetas postexílicos:

1) Siglo VI: Ageo, Zacarías I (1-8); Isaías III (56-66).

2) Siglo V: Abdías y Malaquías.

3) Siglo IV: Joel, Jonás, Zacarías II (9-14).

b.—Reformadores: Esdras, Nehemías.

c.—Imperio persa: Ciro, Darío, etc.

5.—Sentido: Epoca de restauración. Humildes comienzos del nuevo pueblo. Surge el judaísmo en torno al templo y la ley.

6.—Creación literaria:

a.—Se termina la tradición Sacerdotal (P), que es la base para la compilación del Pentateuco (J E D P).

b.—Tradición profética.

c.—Tradición sapiencial: Job, Proverbios.

d.—Obra del Cronista: 1 y 2 Cr.; Esd. y Neh.

e.—Otros libros: Cantar; muchos salmos; Rut y Tobías.

I.—NOVENA ETAPA: EPOCA GRIEGA HASTA LA DOMINACION ROMANA

1.—Cronología: 333 al 63 a.C.

2.—Libros en que se narra: 1 y 2 Macabeos.

3.—Acontecimientos:

a.—Alejandro Magno conquistador: Palestina bajo Grecia. Poco después de su muerte, los Ptolomeos o Lágidas, generales egipcios de cultura griega, dominan Palestina (314-197); les siguen los Seléucidas (sirios), del 197-142. Antíoco IV Epífanes profanador y perseguidor el 167. Movimiento macabeo en contra del profanador. Literatura apocalíptica de resistencia.

b.—Diversos grupos en el judaísmo: esenios, fariseos y saduceos.

c.—Año 63 Pompeyo, de Roma, conquista Jerusalén. Palestina bajo el Imperio Romano.

4.—Personajes claves:

a.—Judíos: Los Macabeos; las distintas sectas judaicas.

b.—No judíos: Alejandro Magno; los Ptolomeos; los Seléucidas (cfr. Antíoco IV Epífanes); Pompeyo.

5.—Sentido: Los sabios reflexionan sobre la vida y la historia de Israel. Los escritores apocalípticos mantienen la esperanza en medio de las persecuciones que sufre el pueblo. De esta manera Dios va preparando, en la sencillez y pobreza, la plenitud de los tiempos que llegará con Jesús.

6.—Creación literaria:

a.—Tradición sapiencial: Qohelet; Sirácide; Sabiduría.

b.—Tradición apocalíptica: Daniel.

c.—Otros libros: Ester; 1 y 2 Macabeos; Judit y Baruc.

d.—Traducciones: Del hebreo al griego: los LXX; del hebreo al arameo: los "Targumim".

e.—Literatura intertestamentaria.

J.—DECIMA ETAPA: JESUCRISTO

1.—Cronología: Jesús nace hacia el 7-6 a.C. y muere el 30 d.C.

2.—Libros en que se narra: Los cuatro Evangelios.

3.—Acontecimientos: Encarnación del Hijo de Dios en el seno de María; ministerio de Jesús anunciando y realizando el Reino de Dios; culminación de su ministerio en el misterio pascual de su muerte y gloriosa resurrección.

4.—Personajes claves: Jesús, María, sus discípulos, etc.

5.—Sentido: Ha llegado la plenitud de los tiempos. Se inaugura el Reino de Dios entre nosotros. Salvación universal.

6.—Creación literaria: tradiciones orales.

K.—UNDECIMA ETAPA: LA IGLESIA

1.—Cronología: 30-

2.—Libros en que se narra: los del Nuevo Testamento.

3.—Acontecimientos: Venida del Espíritu Santo; testimonio y expansión universal de la Iglesia; conversiones; etc.

4.—Personajes claves: los discípulos de Jesús ... nosotros.

5.—Sentido: El Nuevo Pueblo de Dios que, unido a los demás hombres, trata de realizar en la tierra el Reino de Dios: Reino de paz, de justicia y de verdad. Pueblo peregrino en marcha hacia la meta definitiva; pueblo en tensión escatológica, ansiando la segunda venida de Cristo y a la vez comprometido en la historia.

6.—Creación literaria: todos los libros del NT (50-150).

L.—DUODECIMA ETAPA: LA SEGUNDA VENIDA DE CRISTO

"Marana tha".
"Ven Señor".
(cfr. 1 Cor. 16,22; Ap. 22,20).

NOMBRES	ORIGENES	PATRIARCAS	EXODO . . .	CONQUISTA. JUECES
ETAPAS	1a.	2a.	3a.	4a.
LIBRO EN QUE SE NARRA	Génesis 1-11	Génesis 12-50.	.Exodo. .Levítico. .Números. .Deuteronomio.	.Josué. .Jueces .1 Sam. 1-7.
FECHAS	???	Hacia 1850-1650 a.C.	Hacia 1250-1230 a.C.	Hacia 1230-1030 a.C.
HISTORIA DE PUEBLOS RELACIONADOS CON ISRAEL		Migraciones de diversos grupos hacia Canaán.	.Nueva dinastía en Egipto (XIX). .Ramsés II. .Egipto opresor, debilitado.	.Invasión pueblos del mar (filisteos). .Debilitamiento de los cananeos.
HISTORIA DE ISRAEL		.Llegada de Abraham a Canaán. .Promesas patriarcales. .Jacob y sus hijos en Egipto. .Silencio bíblico (1650-1250).	.Pueblo esclavizado. .Moisés enviado de Yahvéh. .Liberación de Israel. .Caminata por el desierto. .Alianza y Ley en el Sinaí. .Formación del pueblo.	.Conquista y reparto de la tierra por Josué. .Los jueces libertadores de Israel.
CREACION LITERARIA		Tradiciones orales (continúan durante todas las etapas).	Alianza escrita.	

NOMBRES	MONARQUIA	REINOS DIVIDIDOS	EXILIO	RESTAURACION Y EPOCA PERSA
ETAPAS	5a.	6a.	7a.	8a.
LIBRO EN QUE SE NARRA	. 1 Sam. 8.31. . 2 Samuel. . 1 Re. 1-11. . 1 Crónicas 8-29. . 2 Crónicas 1-9.	. 1 Re. 12-22. . 2 Reyes. . 2 Crónicas 10-36. . Amós; Oseas; Isaías I (c. 1-39); Miqueas; Sofonías; Nahúm; Habacuc; Jeremías.	. Jeremías. . Ezequiel. . Isaías II (c. 40-55).	. Ageo. . Zacarías I (c. 1-8). . Esdras. . Nehemías.
FECHAS	. 1030-931 a.C.	931-586 a.C.	597 ó 586-539 a.C.	539-333 a.C.
HISTORIA DE PUEBLOS RELACIONADOS CON ISRAEL	. Asiria inactiva. . Esplendor de arameos.	. Apogeo y decadencia de Asiria (745-610). Teglatfalasar. Sargón. Senaquerib. . Comienzo imperio neobabilónico (626-539). Nabopolasar. Nabucodonosor.	. Apogeo y decadencia de Babilonia (626-539). . Ciro rey de Persia (563) conquista Babilonia (539).	Imperio Persa. Ciro. Darío...
HISTORIA DE ISRAEL	. Samuel. . Monarquía unida: —Saúl (1030-1010). —David 1010-971). —Salomón (971-931). . Conquista de otros pueblos (imperio davídico-salomónico).	. Dos reinos. —Judá o Sur (931-586). —Israel o Norte (931-722). . Profetismo preexílico. . Reforma de Josías (622). . Fin de los reinos 722 y 586.	. Destierro en Babilonia. . La patria en ruinas. . Fin de monarquía e independencia política. . Profetismo exílico. . Inicio de lo que será el judaísmo.	. Regreso del destierro y reconstrucción del templo. . Esdras y Nehemías reformadores (s. V). . Profetismo post-exílico. . Movimiento sapiencial.
CREACION LITERARIA	. Tradición Yahvista —J— (s. X). . 2 Sam 9-20; 1 Re 1-2.	. Tradición Elohista —E— (s. VIII). . Tradición Deuteronómica —D— (s. VII...). . Tradiciones proféticas, cfr. Am; Os; Is I; Miq; Sof; Nah; Hab; Jer.	. Tradición Sacerdotal —P— (s. VI-V). . Obra histórica Deuteronomista (s. VI): Dt, Jos, Jc, 1-2 Sam; 1-2 Re. . Tradición profética cfr. Jer; Ez; Is II; Lam.	. Compilación Pentateuco (JEDP). . Tradición profética, cfr. Ag; Zac; Mal; Is. III; Abd; Jl; Jn. . Tradición sapiencial: Prov; Job. . Obra del Cronista (1-2 Cr; Esd; Neh). . Otros libros: Cantar: muchos salmos; Rut; Tobías.

LA PARUSIA O SEGUNDA VENIDA DE CRISTO: "VEN, SEÑOR JESUS"

NOMBRES	EPOCA GRIEGA HASTA DOMINACION ROMANA	JESUS	IGLESIA
ETAPAS	9a.	10a.	11a.
LIBRO EN QUE SE NARRA	.1 Macabeos. .2 Macabeos. .Daniel.	.Los cuatro evangelios.	.Hechos de los Apóstoles. .Cartas. .Apocalipsis. ...
FECHAS	333-63 a.C. 63...	7-6 a.C. al 30 d.C.	30...
HISTORIA DE PUEBLOS RELACIONADOS CON ISRAEL	.Dominio griego: Alejandro Magno. Ptolomeos. Seléucidas. .Dominio Romano. Pompeyo. Julio César...	.Dominio Romano. —Herodes el Grande y sus hijos. —Poncio Pilato.	.Dominio Romano. —Destrucción de Jerusalén y su templo (70). ...
HISTORIA DE ISRAEL	.Judea sometida a los Ptolomeos (314-197) y a los Seléucidas (197-142). .Rebelión macabea ante persecución de Antíoco Epífanes (167-164). .Surgen fariseos, saduceos y esenios. .Pompeyo toma Jerusalén (63). .Movimiento sapiencial y apocalíptico.	.Encarnación del Hijo de Dios. .Ministerio de Jesús. .Inauguración del Reino. .Misterio pascual de Cristo.	.Venida del Espíritu Santo. .Testimonio y expansión de la Iglesia.
CREACION LITERARIA	.Tradición sapiencial: Qohelet (Eclesiastés); Sirácide (Eclesiástico); Sabiduría. .Tradición apocalíptica: Daniel. .Otros libros: Baruc; Ester; Judit; 1-2 Macabeos. .Traducciones: LXX (griego), Targumim (arameo). .Literatura intertestamentaria.	.Tradiciones orales.	.Tradiciones orales y escritas. .Todos los libros del NT.

APENDICE II: MARCO HISTORICO DEL MINISTERIO DE JESUS

Síntesis de un trabajo realizado por Felipe de Jesús Rodríguez Vértiz en base a las obras clásicas sobre este tema.

Para entender mejor la vida y el mensaje de Jesús es preciso conocer el contexto histórico que le tocó vivir, y ante el cual se pronunció con sus palabras y con sus obras.

El ministerio de Jesús: el anuncio y la instauración del Reino de Dios lo realizó en una sociedad concreta que estaba estructurada de una forma singular.

De aquí que para nosotros los cristianos nos sea sumamente útil el conocer el medio histórico en el que Jesús vivió y desarrolló su misión.

La presente aportación no pretende otra cosa que perfilar globalmente los aspectos más sobresalientes y significativos del contorno económico, social, político, ideológico y cultural, en donde el Señor se encarnó y entró en nuestra historia.

1. SITUACION ECONOMICA

1.1. *Agricultura y propiedad de la tierra.*

Debido a que la tierra es relativamente fértil, la agricultura constituía el recurso y la actividad principal en la Palestina del NT (por ejemplo: trigo en Galilea; cereales, frutas y vinos en Judea). El sistema que imperaba era el latifundista que hacía que hubiese grandes terratenientes y comerciantes. La tierra la trabajaban jornaleros asalariados (Mt. 20,1ss). En ocasiones el propietario real se hacía representar por un mayordomo (Mc. 12,1ss; Lc. 16,1ss).

1.2. *Los obreros urbanos.*

Para las grandes construcciones, sobre todo en tiempos de Herodes, se ocupaba un gran número de obreros que tenían una cierta estabilidad laboral y un sueldo seguro, pero que estaban bajo el sistema esclavista lo que implicaba la ausencia total de derechos, y mínima o ninguna seguridad social.

Además de la gran masa de peones existían los obreros especializados que se ocupaban principalmente de la construcción, mantenimiento y restauración del templo y del culto: talladores, carpinteros, labradores, orfebres, etc.

1.3. *Los artesanos.*

Los artesanos son hasta cierto punto independientes, están bajo el régimen del taller familiar, cada uno con su propio taller y con trato directo al consumidor. Podríamos decir que es una forma típica de una actividad profesional (cfr. Hech. 18,3). Entre los artesanos contamos, por ejemplo, a los tintoreros, sastres, alfareros, curtidores, orfebres, joyeros, etc.

1.4. *El Comercio. Relación ciudad-campo.*

Por su posición geográfica Palestina era codiciada política y económicamente. Palestina, y en especial Jerusalén, era el paso obligado para el comercio nacional e internacional. Palestina exportaba productos agrícolas e importaba objetos de culto y ornato destinados a las clases altas y al templo.

El comercio estaba controlado por los terratenientes cuyo sistema era "comprar barato para vender caro". En tiempos de Jesús la familia sacerdotal desarrollaba un comercio floreciente.

La actividad comercial propiciaba la concentración urbana. Se enriquecían unos cuantos, en cambio las grandes masas campesinas y las clases oprimidas de la ciudad se empobrecían. Todo esto provocaba grandes situaciones y estructuras injustas.

1.5. *La ganadería y la pesca.*

Las condiciones favorables del terreno permitían la cría del ganado mayor y menor. El mayor volumen de la cría de ganado era absorbido, controlado y consumido por las clases altas. Mucho de ello era destinado al culto.

Para la alimentación popular se recurría al pequeño pastoreo y a la pesca. Entre los pescadores parece que había formas de cooperación en beneficio equitativo para los trabajadores que participaban en dicha empresa. En cuanto al pequeño pastoreo parece que había propiedades familiares de algún rebaño pequeño que respondía a las exigencias de subsistencia de las clases más desposeídas.

2. LAS CLASES SOCIALES

2.1. *Los ricos.*

a. *Los soberanos de la corte.* Llevaban un estilo de vida suntuoso y sofisticado; se distinguían por las grandes construcciones que tenían, las solemnes festividades que hacían, y las fastuosas celebraciones de los juegos anuales al estilo e influencia romana. Evidentemente cuanto más fastuoso era el nivel de vida de las clases altas, tanto más era el empobrecimiento del pueblo: duros trabajos, bajos salarios, falta casi total de garantías laborales, desnutrición, alza constante de la vida y la misma desocupación y enfermedades.

b. *Los grandes latifundistas, comerciantes, hombres de alta política y negocios, cobradores de impuestos (publicanos).* Casi todos ellos tienen sus propiedades en el campo, pero viven en las ciudades. En su vida social juegan un papel importante "los banquetes" por cuanto representan un aparato de poder y prestigio social. Las masas empobrecidas, y muy especialmente los desocupados, los hambrientos, los enfermos difícilmente tenían acceso a este tipo de actos exclusivos de las clases dominantes. Quizá cuando Jesús presenta el Reino como un banquete mesiánico, lo está contraponiendo a los banquetes de su tiempo y está indicando la nueva sociedad de hermanos que se está gestando.

c. *La aristocracia sacerdotal.* El alto clero lo forman el Sumo Sacerdote en ejercicio, los ex-sumos sacerdotes, y los sacerdotes en jefe que estaban al frente del culto, del servicio del templo y de las finanzas. Es la nobleza clerical que junto con la nobleza laical (terratenientes. grandes comerciantes) forman la máxima autoridad israelita: el sanedrín. Viven en medio del lujo y habitan la zona residencial de Jerusalén.

2.2. *Los sectores medios.*

Lo constituyen los pequeños propietarios independientes, los pequeños comerciantes, un sector de los artesanos que trabajan como obreros independientes. También podemos colocar a los llamados "sacerdotes del común". Todos estos no tienen los "privilegios" de las clases altas, pero tampoco viven las penurias de las clases desposeídas.

2.3. *La clase baja: los pobres.*

La inmensa población judía, en tiempos de Jesús, pertenece a esta clase. Aquí habría que mencionar al proletariado urbano, ligado éste ordinariamente a la construcción. Lo mismo estarían los pequeños comerciantes y artesanos de aldea que tenían una economía. de subsistencia. Pero junto a la gente que vivía miserablemente de su trabajo, existían los limosneros, gente que debido a la desocupación acudían a Jerusalén en búsqueda de la limosna. Muchos de ellos hacían de esto casi una profesión. Jesús se encuentra constantemente con esta población entre los que abundan los desnutridos, hambrientos, enfermos y todos aquellos que han llegado a formas ínfimas de existencia humana.

Es de notar que en las tradiciones religiosas del pueblo era una obra buena el dar limosna, y todavía mejor si esto se llevaba a cabo en Jerusalén. De allí también el número considerable de limosneros que existían en esta ciudad.

2.4. *La situación de la mujer.*

En Palestina, y en el Oriente en general, la mujer no participa de la vida pública, se le priva de muchos derechos, prácticamente se le considera un ser disminuido y menor de edad. Legal y prácticamente estaba primero sujeta a su padre, y luego a su marido. Casi siempre se le equiparaba a un menor de edad. Se le priva de muchos derechos, también se le carga con los trabajos más duros de la casa, además de desempeñar otros trabajos como cuidar rebaños y trabajos relacionados con la tierra. En la práctica la mujer era una sirvienta del marido.

3. SITUACION POLITICA

3.1. *Colonia Romana con estatuto propio.*

Palestina, en tiempos de Jesús, es una colonia romana, jurídica y administrativamente dependiente de la provincia de Siria. Está compuesta por unos 500,000 habitantes. Se le dio un estatuto propio, tanto por el peso de los judíos en la diáspora (siete u ocho millones, 10% del imperio romano), como por la concepción religiosa de Israel acerca del poder y la autoridad.

Por este doble motivo Roma juzga pertinente tener en cuenta la ley israelita y otorga a Israel un estatuto propio, gracias al cual la nación judía goza de ciertos privilegios que la diferencian de las restantes provincias del Imperio.

3.2. *Administración romana.*

Para no herir la susceptibilidad judía, el procurador no reside en Jerusalén, sino en Cesarea, sólo con ocasión de las grandes fiestas acude a la capital. Cuando los soldados entran en Jerusalén no llevan las insignias con la efigie del emperador.

No obstante esas consideraciones la autoridad y presencia romana significan presión, tanto por el hecho de ser gentiles, como por los impuestos y censos que graban sobre el pueblo.

3.3. *Impuestos civiles y religiosos.*

En la época del NT los impuestos romanos son directos e indirectos. Los impuestos directos, percibidos por agentes del fisco oficial, afectan los bienes raíces y se pagan en especie; además de otro por "capitación" (por cabeza) que alcanza a todos los individuos según la evaluación de su fortuna personal (Mt. 22,17). Los impuestos indirectos corresponden a los derechos de aduana y arbitrio, sobre todo en el comercio.

Los impuestos religiosos son por una parte el impuesto del templo (Mt. 17,24-27) que cerca de la Pascua lo pagan todos los judíos, aun los de la diáspora, y sirve para la manutención del santuario y de los sacerdotes en servicio. Existe además el diezmo percibido por los levitas. En general se da el diezmo de buena gana y hasta constituye una fiesta (Dt. 26,1-11).

3.4. *El Sanedrín.*

El Sanedrín era la máxima autoridad política y religiosa de Israel en tiempos de Jesús. Fue instituido bajo Juan Hircano (134-104 a.C.). El Sumo Sacerdote era su presidente; los otros 70 miembros estaban tomados entre los ancianos (la nobleza laica), la aristocracia sacerdotal, y algunos escribas y fariseos.

Su función era religiosa y política. Era ante todo la corte suprema para los delitos contra la ley, y al mismo tiempo, una academia teológica que fija la doctrina, establece el calendario litúrgico y controla toda la vida religiosa.

Desde el punto de vista político el sanedrín vota las leyes, dispone de una policía propia y regula las relaciones con el ocupante. Para una condena de muerte el sanedrín tenía que obtener la ratificación de las autoridades romanas.

4. LA VIDA CULTUAL

La fe de Israel abarca la globalidad de la vida en todas sus dimensiones, pero la vida propiamente cultual necesita de lugares, personas, actos, tiempos, etc., que regulen esa relación con Dios.

4.1. *Lugares de culto.*

a. *El Templo* fue ideado por David (2 Sam. 7), construído por Salomón (1 Re. 5-9), destruído por los babilonios el 586 (2 Re. 25), reconstruído a la vuelta del exilio hacia el 520 (Esd. 5-6), profanado por Antíoco IV Epífanes hacia el 167 (cf. 1 Mac. 1), empezado a reconstruir en su magnificencia primitiva por Herodes el Grande (20 a.C.), terminado el 64 de nuestra era, y destruído poco tiempo después, el 6 de agosto del año 70. Desde ese entonces cesaron los sacrificios en el pueblo judío.

b. *Las sinagogas* aparecieron en el exilio o postexilio tanto en la diáspora como en Jerusalén (Hech. 6,9). Allí se reúnen para las oraciones y las lecturas que se hacían en hebreo y luego se traducían al arameo, la lengua que se hablaba ya entonces. Los rollos de la ley y los profetas se guardaban en un armario. El oficio sinagogal lo preside un laico.

4.2. *Actos de culto.*

a. *Los sacrificios* constituyen lo esencial del culto externo. Había diversos tipos de sacrificios, tanto por razón del tiempo o frecuencia que se hacían (diaria, semanal, anualmente), como por razón del carácter que tenían (de acción de gracias, de comunión, de perdón de pecados, etc.). Los profetas aclararon siempre que ni los sacrificios, ni las oraciones podían sobornar a Dios.

b. *Las oraciones* también constituían un acto de culto, eran expresión religiosa de la relación con Dios. Los salmos juegan un papel muy importante entre las oraciones judías.

c. *El Sábado* era un día de descanso, de alegría y de culto a Dios. Se contaba de la caída del sol del viernes a la caída del sol del sábado. Constituía uno de los preceptos del decálogo (Ex. 20,8-11; Dt. 5,12-15).

La legislación del sábado se fue haciendo cada vez más minuciosa y llegó a imponer inumerables prohibiciones: preparar el alimento, encender el fuego, recoger la leña (Ex. 16,23; 35, 3; Núm. 15,32), cosechar, ayudar a un animal o a un hombre en peligro, llevar pesos, andar más de 1250 metros (Mt. 12,2.11; Jn. 5,10; Hech. 1,12) e incluso desatar un nudo o escribir más de una letra. No es extraño que los casuistas estuvieran divididos en cuanto a la extensión y obligación de estas prácticas.

Jesús, como ya hemos visto, observó el sábado (Mc. 1,21; Lc. 4,16), pero criticó duramente el formalismo de los doctores de la ley no sólo de palabra (Mt. 12,12) sino también con sus actos (Mc. 3,2-5; Lc. 13,10-16; 14,1-6; Jn. 5, 8s; 9,14). Como Señor del Sábado restauraba así su auténtica finalidad (Mc. 2,27s) y mostraba su sentido recordando que el Padre trabaja sin cesar dando la vida (Jn. 5,16s).

4.3. *Ciclo litúrgico anual.*

Al comienzo de cada mes se celebra la luna nueva (neomenia), la de septiembre inaugura el año religioso. Este está jalonado por grandes fiestas que son un elemento esencial del judaísmo y promueven la fe y la unidad del pueblo. Cuatro son las principales fiestas judías: Pascua, Pentecostés, Tabernáculos (Tiendas o Chozas) y el día de la expiación. Las tres primeras se convierten en memorial de las acciones salvíficas de Dios. Recuerdan el pasado, lo hacen presente en su fuerza y dinamismo y orientan hacia la futura salvación. En esas fiestas, principalmente en la Pascua, se hacían las peregrinaciones a Jerusalén. La festividad del día de la expiación tenía como finalidad la purificación de los pecados.

Jesús cumplió su sacrificio en el marco de la Pascua (Jn. 19,31.36), anunció el don del Espíritu Santo durante la fiesta de las tiendas (Jn. 7,37; Ap. 7,9), don que fue concedido en Pentecostés (Hech. 2).

En la misma línea que los profetas Jesús predicó que el culto no vale nada sin la práctica de la justicia (Mt. 5,23-24; 9,13; 11,7-9).

Con Jesús las antiguas formas del culto (personas, lugares, espacios, objetos y tiempos sagrados) han quedado superadas, pues los creyentes no están ya sometidos al ciclo natural, y los acontecimientos antiguamente celebrados no eran sino figura de la Nueva Alianza sellada en la Pascua de Cristo.

5. IMPORTANCIA SOCIO-ECONOMICA Y POLITICA DE JERUSALEN Y DEL TEMPLO

Jerusalén es importante por la enorme concentración de la producción agrícola y ganadera, y por el importante volumen de circulación del comercio internacional. Además están los ingresos por razón de los impuestos al templo y por el gran comercio de distintos productos, objetos, especialmente de ganado destinado a los sacrificios.

En Jerusalén también están concentrados los grandes terratenientes, comerciantes, ganaderos y usureros; los hombres más importantes de la política y de la religión. Su actividad financiera es bastante grande: con ocasión de las peregrinaciones hacen grandes negocios, además controlan los diezmos y las limosnas al templo.

Por lo demás es precisamente el templo donde se depositaban, como lugar de seguridad, las fortunas particulares. Cuando se habla del "Tesoro del templo" no se hace referencia únicamente a los objetos sagrados, sino, sobre todo al importante volumen de capitales particulares asegurado en sus arcas. El "Tesoro del templo" consistía también en una especie de seguro de desempleo para tiempos de crisis. Es por demás significativa la gran cantidad de funcionarios destinados a la administración de las finanzas del templo.

En tiempos de Jesús era el templo el que acumulaba todos los poderes tanto religiosos como civiles, económicos y políticos. Era la sede del gobierno central de Palestina: el gran sanedrín, máxima autoridad religioso-política del pueblo. Al mismo tiempo es aquí donde se concentra el capital en base al cual se hacen las transacciones comerciales tanto nacionales como internacionales.

6. LOS PARTIDOS RELIGIOSOS Y POLITICOS EN EL SENO DEL JUDAISMO

6.1. *Los Saduceos.*

La mayoría de sus miembros pertenece al grupo de los sacerdotes, y en especial a la nobleza sacerdotal que tenía el dominio religioso del pueblo. Son los "dueños" del templo, del culto y de la liturgia. Representan el partido conservador en materia religiosa, rechazan los desarrollos doctrinales de la época: resurrección de los muertos, ángeles, etc. (Mt. 22,23; Hech. 23,8). Políticamente representan el partido de los oportunistas, los defensores del orden establecido que colaboran de muy buen grado con los ocupantes romanos, ya que éstos les permiten el ejercicio de una religión bastante conservadora que favorece el que ellos sigan manteniendo sus privilegios. Parece que fue formado bajo Hircano I (135-104 a.C.).

Su postura difiere profundamente de la de los fariseos si bien ambos grupos están unidos en su oposición a Jesús. Al parecer son los saduceos quienes asumen la responsabilidad del arresto de Jesús.

6.2. *Los Fariseos.*

El partido de los fariseos estaba compuesto principalmente por doctores de la ley o escribas, casi todos ellos seglares. Se constituyen en los defensores de la ley y de la tradición y los representantes de la estricta observancia. Quieren cumplir meticulosamente todas las prescripciones de la ley, detallándolas y multiplicándolas. Su ciencia se centra en tres puntos principales: la observancia del sábado, la pureza legal y la satisfacción de los diezmos sagrados.

Creen en la resurrección, juicio final, los ángeles, la liberación que traerá el Mesías, etc. Desprecian al pueblo pequeño que no es capaz de observar todas las minuciosidades de la ley. Por eso se o los consideran "separados" o "separatistas" (eso significa su nombre "fariseos"). Sin embargo tienen una gran influencia religiosa-ideológica en el pueblo.

Jesús comparte sin duda la orientación profunda del fariseísmo —la fidelidad a la alianza—, pero critica duramente su intransigencia casuística que, en nombre de unas tradiciones más o menos válidas, acaba de vaciar la ley que ha de ser observada: éste es el "fariseísmo" que la tradición evangélica ha sistematizado con el fin de indicar su tendencia permanente en toda experiencia religiosa. Por lo demás hay fariseos que simpatizan con Jesús durante su vida terrena (Lc. 13,31; Jn. 3,1; 7,50), defendiendo a los primeros cristianos (Hech. 5,34) o que abrazan la fe cristiana (Hech. 15,5), como Pablo (Flp. 3,5).

Frente a Jesús los fariseos se sienten sin duda celosos de la influencia conseguida por él entre el pueblo y se enfrentan también a los virulentos ataques del profeta. Pero no es ese el motivo profundo de su oposición. Es sorprendente constatar que no parece que intervinieran directamente en el arresto y pasión de Jesús. Sin embargo, no pueden admitir la pretensión intolerable de que hacía alarde Jesús, al curar en sábado y perdonar los pecados, como si fuera el mismo Yahvéh. Los fariseos rechazaban a Jesús en nombre de la misma concepción de Dios.

Es el único partido que sobrevivió a la catástrofe nacional del año 70 y el que mantuvo viva la fe de Israel en medio de todas las adversidades.

6.3. *Los Esenios.*

Gracias a los documentos de Qumrán se ha podido conocer al grupo de los esenios, que no constituyen un partido oficial, pero que ciertamente era uno de los más importantes de su época. Nace como un movimiento sacerdotal de reforma al interior del templo de Jerusalén. Asqueados de la conducta degenerada de los saduceos y de la hipocresía de los fariseos, y tratando de ser fieles respecto a la auténtica comunidad de Dios se retiran al desierto a prepararse para la lucha final y decisiva contra el reino de las tinieblas. Se calcula que en tiempos de Jesús este grupo reunía a varios miles de adeptos.

Los esenios conscientes de ser el pequeño "resto" de los "puros" llevan una vida común en el desierto. Trabajan durante el día, y dedican el atardecer a la oración y a la meditación de la Escritura. Practican la comunidad de bienes, y casi todos observan la castidad. Antes de ingresar a la comunidad pasan por un período de prueba que dura alrededor de 2 años.

Aunque hay entre ellos una mayoría de laicos. los sacerdotes ocupan un lugar preponderante en la comunidad. Los esenios practican las mismas celebraciones que el judaísmo oficial, pero no observan el mismo calendario. Se muestran hostiles tanto al culto como al sacerdocio de Jerusalén que consideran impuros.

Este movimiento termina con la catástrofe del 70.

6.4. *Los Zelotas o celosos.*

Los Zelotas configuraban un movimiento socio-revolucionario con bases religiosas profundas. Representaban el ala extrema de la oposición frente a la dominación romana. El ideal del Reino de Dios lo imaginaban como un poder terreno en el que la independencia definitiva era representada con caracteres teocráticos. Parece que su movimiento se originó a raíz del censo (7 ó 6 a.C.), estos judíos se opusieron, pues consideraban a Dios como el único jefe y único Señor. Hubo una insurrección que fue aplastada por Roma, pero la semilla de la revolución estaba sembrada.

Los Zelotas, patriotas ardientes, nacionalistas fogosos, se separaron de los fariseos, a los que consideraban demasiado conciliadores y excesivamente pasivos. Usaban de todos los medios, sin excluir el del asesinato, para liberarse del opresor extranjero y para castigar a sus compatriotas sospechosos de colaboracionistas. Trabajaban en las sombras de la clandestinidad, pero no cesaron de intervenir a mano armada contra los romanos. Como usaban corrientemente el puñal corto llamado "sica" por los romanos, el nombre de "sicario" vino a ser equivalente de zelota.

Entre los Doce figura Simón el "cananeo" o "celoso", quizá pertenecía a este grupo (Mt. 10, 4).

El movimiento zelota concluyó prácticamente en Masada cuando ante el inminente triunfo de los romanos sobre ellos, prefirieron quitarse ellos mismos la vida, que caer ante el enemigo (73 d.C.).

Hoy día algunos autores, en base a nuevos estudios e investigaciones, afirman que en tiempos de Jesús no existían los Zelotas como revolucionarios, sino que más bien éstos surgieron hacia el 64 d.C.

6.5. *Los Herodianos.*

Los herodianos representaban una tendencia política diametralmente opuesta a la de los Zelotas. Son mencionados en el evangelio (Mc. 3, 6; 12,13; Mt. 22,16). Este epíteto se aplicaba a los partidarios de la dinastía de los Herodes. Se encontraban sobre todo en Galilea, donde el poder se mantuvo largo tiempo en manos de Antipas, uno de los hijos de Herodes el Grande. También en Jerusalén había algunas familias adictas a esta tendencia.

6.6. *Los Samaritanos.*

Son el único grupo considerado como "herejes" y "cismáticos". Su separación estaba ya consumada al comienzo de la época griega (s. IV a.C.). Sólo admiten el Pentateuco. No reconocen el templo de Jerusalén, sino que ellos adoran en el monte Garizim (Jn. 4,20), allí había un templo que destruyó Juan Hircano en el 128 a.C. A pesar de eso, siguieron adorando allí.

En tiempos de Jesús no formaban ya sino un grupo bastante reducido, localizado en Samaria y más o menos atacado por el contagio del paganismo helénico. Esperaban un enviado como Moisés (Jn. 4,25). Es proverbial su pleito con los judíos (Jn. 4,9).

APENDICE 3: ESQUEMA DE ALGUNOS LIBROS BIBLICOS

1.—LOS LIBROS DEL PENTATEUCO		DOCTRINA SOBRESALIENTE	FUNCION EN EL PENTATEUCO
La Torah (ley-enseñanza-revelación) o el Pentateuco es el conjunto de los 5 primeros libros de la Biblia.	**GENESIS**	. Origen del mundo, del hombre, del bien y del mal, de las culturas y de las razas. . Vocación del hombre, pecado, castigo y promesa de salvación. . Los Patriarcas antepasados del pueblo. . Promesas y bendiciones divinas. . Fe patriarcal.	. Responde a los grandes interrogantes del hombre. . Historia de los antepasados del pueblo. . Asentamiento en Egipto de donde serán liberados.
La Torah o Pentateuco es el resultado fundamental de cuatro tradiciones del pueblo: —La Yahvista (J) de s. X. —La Elohista (E) —La Deuteronómica (D) del s. VII. —La Sacerdotal (P) del s. VI-V. La compilación final se hizo hacia el s. V.	**EXODO**	. Dios escucha el clamor de la opresión y libera a su pueblo. . Moisés intermediario. Pascua, memorial de la liberación. . Caminata por el desierto. Rebelión del pueblo. Acciones benéficas de Dios. . Alianza entre Dios y su pueblo elegido. . Leyes que se desprenden de la Alianza.	. Presenta la constitución del Pueblo de Dios. . Los hechos narrados constituyen el Credo primitivo y básico del israelita. . Acontecimientos que se convierten también en símbolo o figura de nueva salvación.
	LEVITICO	. Santidad de Dios y santidad de su pueblo. . Leyes referentes al culto: sacrificios, sacerdocio, pureza, ritual, etc. . Amor al prójimo.	. Nos presenta al pueblo cuya constitución gira en torno al culto. . Interrumpe lo narrativo. . Contenido de la Alianza.
	NUMEROS	. Dios centro de la vida del pueblo. . Pueblo estructurado. . Pueblo en marcha por el desierto. . Exploración de la tierra prometida.	. Presenta un pueblo estructurado. . Un pueblo que, en medio de rebeliones, marcha por el desierto.
	DEUTERONOMIO	. Un solo Dios que actúa en favor del pueblo elegido. Elección gratuita de Dios. Responsabilidad del pueblo. Una tierra y un santuario. . Leyes que ayudan a vivir la Alianza.	. Un pueblo en vísperas de entrar a la tierra prometida. . Renovación de la Alianza.

2.—HISTORIA DEL ANTIGUO TESTAMENTO

NOMBRE DE LA OBRA Y FECHA DE COMPOSICION	LIBROS QUE COMPRENDE	HISTORIA QUE NARRA	CARACTERISTICAS DE LA OBRA
OBRA HISTORIOGRAFICA DEUTERONOMISTA (siglo VI)	. Josué. . Jueces. . 1-2 Samuel. . 1-2 Reyes. . Prologados por el Deuteronomio.	Desde la conquista de la tierra de Canaán por Josué, hasta su pérdida de manos de los Babilonios: —Conquista y Jueces (hacia 1230-1030). —Monarquía unida (1030-931). —Reinos divididos. . Israel o Norte (931-722). . Judá o Sur (931-586).	Los Deuteronomistas utilizando materiales históricos muy antiguos, e imbuidos en la letra y el espíritu del Dt. escriben esta obra para explicar que la ruina del pueblo se debe a las infidelidades a la Alianza pactada con Yahvéh. La obra concluye con un acontecimiento esperanzador. El espíritu de los deuteronomistas se capta leyendo por ejemplo, Jos 1; 23; Jc. 2, 11ss; 1 Sam 12; 1 Re 8; 2 Re 17,7s.
OBRA DEL CRONISTA (hacia siglo IV)	. 1-2 Crónicas o Paralipómenos ("lo omitido"). . Esdras. . Nehemías.	La historia del pueblo, desde la creación hasta la restauración después del exilio: —Listas genealógicas desde Adán. —Historia de David y Salomón (1010-931). —Historia del Reino de Judá (931-586). —Regreso del destierro hasta reformas de Esdras y Nehemías (539-400 —genéricamente—).	Una historia que idealiza el pasado de David y del reino de Judá como signos del reinado de Dios. Marcado interés por la comunidad judía. . En torno al templo, el culto y el clero. . En la ciudad de Jerusalén, símbolo de la unificación política y religiosa del pueblo. . Bajo la Ley de Moisés, que es la Ley divina.
LIBROS DE LOS MACABEOS (siglo II)	. 1 Macabeos. . 2 Macabeos. **Libros no de una misma obra, sino paralelos, pero independientes.** Aquí tratamos solo de 1 Macabeos.	Historia del pueblo en la época griega bajo los seléucidas (sirios). En concreto desde la subida de Antíoco IV Epífanes hasta la muerte de Simón, a quien sucede Juan Hircano, el 134 a.C. Los grandes hechos de Judas Macabeo y sus hermanos Jonatán y Simón en contra de los seléucidas, en especial de Antíoco IV Epífanes.	Narra una historia en contra de la helenización del pueblo judío, y a favor de la permanencia fiel a la ley, al templo y a las tradiciones de los antepasados. Es un libro parcial, en cuanto que no sólo ataca a los seléucidas, sino también a la corriente judía que estaba abierta a la nueva cultura griega o helénica.

3.—LOS LIBROS PROFETICOS DEL AT.	DATOS PERSONALES DEL PROFETA	HISTORIA CONTEMPORANEA	TEMAS DOCTRINALES
AMOS (hacia 750)	Pastor de Técoa (Sur), profetiza en Samaria, capital del Norte.	Epoca próspera y gloriosa del Reino del Norte, pero con grandes injusticias y cultos idolátricos.	. Critica a las naciones vecinas y a Israel por sus guerras, crímenes e injusticias; además de la infidelidad a Yahvéh. . Profeta de la justicia social.
OSEAS (hacia 750-722)	. Del reino del Norte predica allí. . Contemporáneo de Amós.	. Guerra siro-efraimita (de Damasco e Israel contra Judá) y conquistas asirias (734). . Decadencia y fin de Israel (722).	. Expresa la relación Yahvéh-Israel en forma matrimonial y paternal. . Israel infiel se ha prostituido al cometer injusticias, al irse tras ídolos. . Condena a sacerdotes y reyes. . Invita a la conversión.
ISAIAS I (740-698) c. 1-39	. Llamado en el templo. . Profeta y poeta de Jerusalén. Predica allí y en sus alrededores.	. Ver anteror. . Ante la ruina del Norte advierte a Judá. . Asiria asedia, pero no conquista Jerusalén que es liberada (701).	. Expresa la santidad de Dios que se compromete en la historia. . Exige la fe como necesidad de apoyarse sólo en El. . Habla sobre el plan divino en la historia, sobre el "resto" y el Mesías. . Critica los pecados: alianza con Asiria, culto ritualista, derroche de ricos e injusticias. . Obstinación del pueblo.
MIQUEAS (hacia 740-701)	Campesino de Judá, profetiza en Jerusalén.	Ver anteriores.	. De alguna forma sintetiza a los tres anteriores, sobre todo en la línea de la justicia social. . Anuncia caída de Samaria y restauración de Israel. Es el primero que anuncia la ruina de Jerusalén.
SOFONIAS (entre 640 y 630)	Predica en el Reino del Sur.	Dominio Asirio.	. Predica la caída de Judá en el Día de Yahvéh, denuncia la injusticia e infidelidad. . Los "pobres" de Yahvéh.
NAHUM (hacia 622)	Predica en el Reino del Sur.	Reforma de Josías (627). Debilitamiento asirio.	. Describe la ruina de Nínive, capital de Asiria. . No denuncia pecados de Judá.

LOS LIBROS PROFETICOS DEL AT	DATOS PERSONALES DEL PROFETA	HISTORIA CONTEMPORANEA	TEMAS DOCTRINALES
HABACUC (hacia 609)	Predica en el Reino del Sur.	.Resurgimiento de Babilonios (626...). .Caída de Nínive (612).	.Interroga a Dios el por qué del mal y de la injusticia. .Exigencia de fidelidad. .Babilonios instrumento divino.
JEREMIAS (627-586)	.Originario de Anatot, de familia sacerdotal. .Ministerio prácticamente en Jerusalén. .Célibe. Expresa sus sentimientos como profeta. Baruc secretario.	.Período que prepara y consuma la toma de Judá. .Reforma de Josías (622). Destrucción de Nínive por los babilonios (612). .1a. deportación (597). .Conquista y ruina de Jerusalén. .2a. deportación (586).	.Define el verdadero Yahvismo y denuncia los pecados de Judá. .Anuncia la próxima ruina de Jerusalén por sus infidelidades, falta de conversión y traición a la alianza. Babilonia instrumento del castigo divino. .La nueva Alianza. .La responsabilidad personal. .La Palabra de Dios centro de la vida.
EZEQUIEL (593-571)	.Profeta en el exilio. .Sacerdote de gran tradición cultual.	.1a. deportación a Babilonia (597). .Ruina de Jerusalén y 2a. deportación (586). .3a. deportación (582).	.1a. etapa 593-586, denuncia pecados y falsas seguridades, anuncia la ruina de Jerusalén = abandono de la Gloria de Yahvéh. Mudez y silencio del profeta. .2a. etapa: 586-571, consuela, da esperanza, anuncia nueva alianza. Templo futuro y nuevo reparto de tierras. Responsabilidad personal.
ISAIAS II (hacia 547) c. 40-55	Desterrado que añora Jerusalén.	.Ver anterior. .Surge el imperio persa. .Debilitamiento babilónico.	.Yahvéh el único Dios que anuncia y realiza; los ídolos son nada. .Anuncia el nuevo éxodo como retorno a Jerusalén y salida de Babilonia. .La misión del Siervo de Yahvéh expresada en cuatro cánticos.
AGEO (520)	Primer profeta postexílico.	.Victoria de Ciro Rey de Persia sobre Babilonia (539). .Decreto de Ciro permitiendo retorno (538).	.Exhorta a la reconstrucción del Templo y de la comunidad.
ZACARIAS (520) c. 1-8	Contemporáneo de Ageo.	.Restauración de Jerusalén.	.Habla de la restauración del Templo y resucita el mesianismo real.

LOS LIBROS PROFETICOS DEL AT	DATOS PERSONALES DEL PROFETA	HISTORIA CONTEMPORANEA	TEMAS DOCTRINALES
ISAIAS III (hacia 450?) c. 56-66	Uno o varios profetas anónimos post-exílicos.	. Desaliento ante los humildes ante los comienzos de la restauración. . Proliferan injusticias.	. Salvación como obra de Dios. . Salvación futura definitiva. . Restauración de Sión y Jerusalén. . Denuncia de pecados del pueblo.
MALAQUIAS (hacia 433)	Profeta anónimo cultual, reformador.	Poco antes de las reformas de Esdras (428) y después de Nehemías (445).	. El culto debe purificarse e interiorizarse. . Exigencias de la vida sacerdotal. . Contra matrimonios mixtos. . Retorno de Elías.
JOEL (entre 400 y 350)	. Hijo de Fatuel. . ¿Profeta cultual o sacerdotal?	El judaísmo se vuelve muy particularista.	. Invasión de langostas presagia el Día de Yahvéh como juicio. . Juicio de Dios en el valle de Josafat. . Invitación a la conversión. . Efusión universal del Espíritu.
ABDIAS (s. IV?)		Después de la ruina de Jerusalén (586) y antes de la caída de Edom (312).	. El Día de Yahvéh castigo para Edom que abusó de Judá. . Salvación para Judá. . Relación entre Edom (Esaú) y Judá (hijo de Jacob).
JONAS (s. IV-III?)	Personaje ficticio e imaginario.	Particularismo judío.	. Contra la estrechez nacionalista. . Dios, Señor de la historia y de la naturaleza, es misericordioso con todos. . Autocrítica del profetismo.

4.—LOS LIBROS SAPIENCIALES DEL AT	AUTOR Y LENGUA	FECHA DE COMPOSICION	DOCTRINA Y MENSAJE
PROVERBIOS	.Atribuido a Salomón; pero autores diversos. .En hebreo.	.Partes antiguas. .Compilación final hacia 350-150.	Diversas doctrinas y máximas sobre temas religiosos y profanos, por ejemplo: la sabiduría, normas de conducta, deberes para con el prójimo, la buena ama de casa, etc., etc. Enfasis principal en la sabiduría.
JOB	.Autor anónimo. .En hebreo.	Entre el 500 y el 450.	.Libro de protesta contra la falsa imagen que se tenía de Dios. el que premia en esta vida a los buenos y castiga en esta vida a los malos. .Problema de la justicia divina, de la retribución y del sufrimiento humano.
QOHELET O ECLESIASTES	.Atribuido a Salomón; pero autor desconocido. .En hebreo.	Entre el 300-250.	.Plantea el sentido de la vida, del esfuerzo y de la fatiga humana. .Critica la misma sabiduría. .Vanidad o fugacidad de todas las cosas. .Libro contra los "conformistas".
SIRACIDES O BEN SIRA O ECLESIASTICO	.Jesús hijo de Sirá. .En hebreo.	.Hacia el 180. .Deuterocanónico.	.Diversos temas, sobresaliendo el de la sabiduría que viene de Dios y cuyo principio es el temor del Señor. .Identifica la sabiduría con la Ley; cumplir la ley es rendir culto al Señor. .Medita sobre los antepasados de Israel y sobre la misma naturaleza.
SABIDURIA	.Atribuido a Salomón; pero autor desconocido. .En griego.	.Hacia el 50. .Deuterocanónico.	.La verdadera sabiduría es don de Dios. .Frutos de la vida del justo. Vida de ultratumba. .Medita, en un nuevo estilo, sobre la historia de Israel, en especial sobre el acontecimiento del Exodo.

5.—LOS CUATRO EVANGELIOS Y LOS HECHOS DE LOS APOSTOLES	AUTOR, LUGAR Y FECHA	DESTINATARIOS Y FINALIDAD	TEMAS DOCTRINALES
MATEO	.El apóstol Mateo, publicano, está en la base de este escrito. .Antioquía de Siria o Palestina. .75-85.	.A los judíos de Palestina o Siria convertidos al cristianismo. .En Jesús se cumplen las promesas del AT.	.Jesús es el Mesías esperado, en él se cumple todo el AT. .Drama de Israel que rechaza a su Mesías. .Reino de los cielos abierto a los gentiles. .Iglesia nuevo Israel, germen del Reino.
MARCOS	.Marcos, discípulo e intérprete de Pedro. .Roma. .50-67.	.A cristianos no judíos, quizá de Roma, provenientes de la gentilidad. .Mostrar el camino de Jesús Hijo de Dios.	.Jesús es Hijo de Dios. .Jesús es el Hijo del hombre = Mesías. .Naturaleza de su mesianismo. .El secreto mesiánico. .Ceguera e incomprensión de los discípulos y la gente.
LUCAS 3er. Evangelio	.Lucas, no judío, compañero de Pablo. .En Acaya (Grecia) o en Roma. .Entre el 75-90.	.Teófilo, personaje histórico o simbólico que personifica a los cristianos gentiles. .Información detallada y ordenada sobre Jesús.	.Jesús es profeta, salvador y Señor. .La salvación es universal; centralidad de Jerusalén. .Espíritu Santo. .Pobreza y riqueza. .Espíritu de misericordia y perdón.
HECHO DE LOS APOSTOLES		.Mostrar que la Iglesia continúa en el tiempo y en el espacio, la misión de Jesús.	.Iglesia, testigo de Cristo, guiada por el Espíritu. .Iglesia universal. Abierta a judíos y gentiles. .Expansión de la Iglesia.
JUAN	.El apóstol Juan está en la base de este evangelio. .En Efeso. .Hacia el 90-100.	.Miembros de una 2a. generación de gentiles que se enfrentan quizá ante algunas herejías, y a los que se propone ser auténticos discípulos de Jesús.	.Jesús, Hijo de Dios, Palabra hecha carne, es el Revelador y el testigo de su Padre. Unión vital entre ellos y el Espíritu que van a enviar. .La fe como respuesta integral a la revelación. .La vida eterna que ya comienza. .Carácter simbólico de Jn.: Jesús agua, pan, luz, resurrección y vida, etc.

OBRA LUCANA

6.—LAS CARTAS DE PABLO	AUTOR, LUGAR Y FECHA	OCASION Y/O FINALIDAD	TEMAS DOCTRINALES
ROMANOS	. Pablo. Desde Corinto. 57-58	. Preparar su visita a la Iglesia de Roma, que no conoce personalmente. Confirmarlos en la fe. . Exposición más serena sobre fe y libertad (cfr. Gál.).	. Salvación y justificación por la fe. . Cristo nuevo Adán. . Bautismo inserción al misterio pascual de Jesús. . El cristiano y la ley. . La vida en el Espíritu. . Situación de Israel. . Diversos consejos prácticos.
I CORINTIOS	. Pablo. En Efeso. 55-56.	. Llamada de atención ante desórdenes de la comunidad. . Respuesta a diversas preguntas planteadas.	. Unidad de la comunidad en Cristo. . La verdadera sabiduría divina. . Matrimonio y virginidad. . Eucaristía celebración de la unidad. . Los carismas y la caridad. . La resurrección de Cristo y de los muertos.
II CORINTIOS	. Pablo. En Filipos. 57.	. Pablo defiende su ministerio y autoridad ante ataques de judaizantes.	. El ministerio apostólico de Pablo. . La Antigua y la nueva Alianza. . Caridad en la colecta.
GALATAS	. Pablo. En Macedonia o Efeso. Entre 54-57.	. Contra judaizantes que enseñan un "evangelio" distinto, exigiendo la ley y la circuncisión.	. Apología de Pablo. . Inutilidad de la ley, que era sólo pedagogo. Suficiencia de la fe para la justificación. . La libertad cristiana en el Espíritu.
EFESIOS	. Se duda que sea de Pablo. Roma. 61-63 u 80-100.	. Ante la conversión de muchos paganos, la carta pretende dar pistas para la unidad.	. Plan divino de la salvación para todos los hombres. . La unidad en la diversidad. . Cristo cabeza del Cuerpo, la Iglesia. . La vida renovada. La familia.
FILIPENSES	. Pablo. En Efeso. 56-57.	. Agradecimiento por los servicios de Epafrodito. . Advertencias sobre los judaizantes.	. Buenas relaciones entre Pablo y la comunidad. Sentido de gratitud. . Abajamiento de Cristo, modelo de unidad. . La alegría y la generosidad.

LAS CARTAS DE PABLO	AUTOR LUGAR Y FECHA	OCASION Y/O FINALIDAD	TEMAS DOCTRINALES
COLOSENSES	.Se duda que sea de Pablo. .Roma. 54-63 ·ó después del 70.	Existencia de tendencias gnósticas: concebían a Cristo como un mero intermediario angélico.	.Superioridad de Cristo sobre todo lo creado. .Iglesia Cuerpo de Cristo. .Vida nueva en Cristo Jesús, a raíz del bautismo.
I TESALONICENSES	.Pablo. .Corinto. .49-50.	Regreso de Timoteo que trae noticias sobre la comunidad.	.Alabanza por su progreso y ejemplo. .Alérta contra las dificultades que puedan tener. .La Parusía y la actitud de vigilancia.
II TESALONICENSES	.Se duda que sea de Pablo. .Corinto. .50-51 ó después del 70.	Mala interpretación sobre la parusía.	.Señales precursoras de la parusía. .Exhortación al trabajo.
I TIMOTEO	.Probablemente no es de Pablo. 80-100.		.El ministerio y su organización. .Las falsas doctrinas. .La verdadera actitud cristiana. .La oración litúrgica.
II TIMOTEO	.Probablemente no es de Pablo. .80-100.	Instrucciones a ministros de la comunidad.	.Los falsos doctores. .Peligros de la etapa final. .Sufrimientos del apóstol cristiano.
TITO	.Probablemente no es de Pablo. .80-100.		.Ministros. .Falsos doctores. .Deberes del cristiano según su estado.
FILEMON	.Pablo. .Roma. .54-63.	Onésimo regresa con su amo Filemón.	.Filemón debe recibir a Onésimo no como esclavo, sino como hermano. .La fe en Jesús debe suprimir divisiones sociales.

7.—HEBREOS, CARTAS CATÓLICAS Y APOCALIPSIS	AUTOR, LUGAR Y FECHA	DESTINATARIOS Y FINALIDAD	TEMAS DOCTRINALES
HEBREOS	• Apolo? • Roma • Antes del 70?	Judeo-cristianos que han tenido que huir de Jerusalén y añoran el templo y sus ceremonias. Sufren persecución.	• Superioridad de Cristo, su solidaridad con todos los humanos. • Marcha hacia el descanso definitivo. • Nueva Alianza: nuevo sacerdocio y sacrificio: Cristo Jesús. • Fe y perseverancia.
SANTIAGO	• Si Santiago, del 62. • Si un anónimo, del 100-110. • Palestina.	Cristianos de origen judío, dispersos en el mundo greco-romano.	• Igualdad fundamental de todos los hombres y sus consecuencias. • Fe viva en obras.
I PEDRO	• Pedro • Roma • 64	Comunidades cristianas gentiles del Asia. Sufren persecución no oficial.	• Animarlos y exhortarlos a la perseverancia en el sufrimiento. • Consagración bautismal.
II PEDRO	• No de Pedro • 130-150.	Quizá a las mismas comunidades de I Pedro.	• Segunda venida de Cristo. • Cielos nuevos y tierra nueva.
I JUAN	• Juan • Efeso • 95-100.	A comunidades de Asia donde hay brotes de herejías.	• Amor de Dios Padre. • Jesús Hijo de Dios, salvador. • El cristiano, impulsado por el Espíritu, debe caminar en la luz, en el amor a Dios y al prójimo, en los mandamientos.
II JUAN	lo anterior	Prevenir contra una herejía.	• Rechazo de seductores. • Caridad fraterna
III JUAN	lo anterior	a Gayo.	• Verdad y caridad. • Rechazo de actitud de Diótrefes.
JUDAS	• Si Judas, antes del 70. • Si un anónimo, entre 100-110.	Prevenir contra falsos doctores.	• Los falsos doctores. • Retener doctrinas apostólicas. • Caridad para con débiles.
APOCALIPSIS	• Atribuido a Juan. • Patmos entre 90-95.	Fortalecer a las comunidades cristianas de Asia Menor perseguidas por el Imperio Romano.	• Victoria definitiva de las fuerzas del bien sobre las del mal. • Cristo cordero, Señor de señores y Rey de reyes, esposo de la Iglesia. • Iglesia llamada a convertirse y a entender su hora en la lucha contra las fuerzas del mal.

Se terminó de imprimir en los talleres de
EDICIONES PAULINAS, S.A. de C. V.
Av. Taxqueña No. 1792 - Delg. Coyoacán - 04250
México, D.F., 9 Marzo de 2009. Se imprimie-
ron 4,000 ejms. más sobrantes para reposición.